Esses últimos anos têm parecido um inverno rigoroso e interminável. Estamos experimentando uma pandemia global, caos político, protestos nas ruas, recessão econômica e muito mais. Em momentos como esses, precisamos de alguém que nos oriente, e não consigo pensar em alguém melhor que meu amigo Max para nos conduzir à primavera. Suas palavras são remédio para nossa alma. Leia este livro e permita que a graça de Deus seja derramada sobre sua vida.

**Dr. Derwin L. Gray**, cofundador e pastor da igreja Transformation Church; autor de *God, do you hear me?* e *Discovering the prayer God always answers*

Com maestria, Max mostra o poder do livro de Ester e sua relevância para nossa vida hoje. Precisamos urgentemente dessa mensagem de esperança e coragem à medida que enfrentamos os desafios de nosso mundo caótico. *Para um momento como este* nos lembra de que o impossível é o ponto de partida para Deus realizar milagres. Como eu, você chegará ao fim do livro com um gostinho de quero mais.

**Christine Caine**, cofundadora do projeto A21 e do Propel Women

Max Lucado é um dos melhores autores da atualidade e tem o talento de dar vida à Bíblia. Por meio de sua capacidade de combinar ensinamentos práticos e experiências contemporâneas ao texto bíblico, ele nos transporta para a antiguidade como se vivêssemos naquela época. Sempre achei a história de Ester intrigante e comovente. Injustiçada, ela creu que Deus faria o impossível e mudou a história por meio de sua fé. Prepare-se para uma experiência edificante, inspiradora e fortalecedora.

**Craig Groeschel**, pastor da igreja Life.Church e autor best-seller do *New York Times*

Como cristã e negra, este livro me impactou profundamente. Já li Ester muitas vezes e alguém até citou Ester 4:14 para descrever o propósito de minha carreira, porém Max nos leva a uma jornada de uma forma que somente ele é capaz ao nos trazer um novo olhar sobre essa história antiga. Ele mistura histórias contemporâneas ao texto de Ester a fim de chamar nossa atenção para a presença de Deus em nosso desânimo, já que muitas vezes pensamos

demais no que podemos perder em vez de ganhar ao lutarmos pela justiça. Que, assim como Mardoqueu, possamos permanecer firmes diante de situações difíceis.

**Maggie John**, âncora e produtora do *Context Beyound the Headlines* e ex-apresentadora do *100 Huntley Street*

Há muito tempo admiro Max Lucado, um autor cujos textos — recheados de estímulo, esperança e amor — trazem histórias que tocam o coração de leitores dos mais variados perfis.

**Nicky Gumbel**, pároco da igreja Holy Trinity Brompton e dirigente do ministério Alpha

Para aqueles que já acreditaram na mentira de que Deus não tem mais interesse em nos usar para fazer a diferença, Max proclama: "Você foi criado para um momento como este. Você. Eu. Nós". Por meio de grande discernimento bíblico e de uma narrativa atraente, descubra como Deus nos convida para participar de sua obra santa e para usar nossas experiências e circunstâncias para abençoar mais pessoas do que podemos imaginar. Sem dúvida essa é uma aventura da qual desejo participar. Venha comigo.

**Amy Grant**, artista vencedora do prêmio Grammy

*Para um momento como este* foi escrito no lugar certo e na hora certa. Já enfrentei muitos desafios que Max descreveu e experimentei que "a perplexidade e a crise de hoje são as conquistas de amanhã". O tema de Max para este livro me lembra da canção "The Struggle", a primeira que escrevi depois de me tornar cristão. O convite de Max para você enxergar os desafios como oportunidades para Deus extrair vida da morte é justamente o que nossos irmãos e irmãs necessitam hoje. Obrigado Max por mais uma vez nos lembrar de que não existem desafios difíceis demais para Deus.

**Zack Williams**, artista vencedor dos prêmios Grammy e Dove

Todos nós enfrentamos momentos que parecem difíceis demais e problemas inesperados que nos amedrontam e intimidam. Em seu novo e poderoso livro, *Para um momento como este*, meu grande amigo Max Lucado usa a história corajosa de Ester para nos ajudar a enfrentar nossos "invernos" e para nos mostrar que Deus colocou dentro de nós a vontade e a determinação para alcançarmos nosso destino divino por meio de nossa confiança nele.

**Victoria Osteen**, pastora da igreja Lakewood Church

Até os líderes mais fortes enfrentam invernos difíceis, momentos em que o mundo se mostra sombrio, em que vivemos isolados e sem ouvir a voz de Deus. Apesar disso, como Max Lucado nos mostra com empatia e ânimo, esses também são momentos que podem nos transformar. *Para um momento como este* transformará o modo como você enxerga os desafios de sua vida: a dor tem um propósito, e os obstáculos são oportunidades.

**Kadi Cole**, consultora de liderança e autora do *Developing female leaders*

Se você já sentiu como se Deus tivesse abandonado você e o mundo, *Para um momento como este* é o livro perfeito. De um modo que somente Max Lucado sabe fazer, o texto bíblico salta das páginas e ilumina a escuridão que caracteriza nossa época. No exato momento em que você se sentir tentado a desistir, encontrará não apenas Deus, mas também o papel que ele tem para você.

**Carey Nieuwhof**, podcaster, palestrante e autor de *At your best*

Diante da crise que vivemos e do desafio de viver nossa fé em uma sociedade incrédula, *Para um momento como este* é um presente para todos aqueles que estão atolados em problemas. Em um texto bem fundamentado, agradável e repleto de lampejos profundos e pessoais, Max combina uma história antiga com uma narrativa atual para criar um casamento perfeito entre o livro de Ester e nossos desafios.

**Bruxy Cavey**, pastor e professor na igreja Meeting House e autor de *The end of religion*

Max segue com seu tradicional brilhantismo narrativo à medida que nos apresenta o texto de Ester, uma história para ser lida hoje, para esse momento que estamos atravessando. O livro demonstra a relevância da história de Ester e de que maneira os conflitos muitas vezes são oportunidades para crescermos. Os desafios de hoje podem ser usados para moldar nossa geração, caso nossa percepção de Deus permaneça maior que nós mesmos.

**Latasha Morrison**, fundadora e presidente
do ministério Be the Bridge

Você foi criado para um momento como este! Você é um escolhido de Deus! Independentemente de sua origem e de seu passado, Max Lucado convida você para a corajosa jornada de atender ao chamado de Deus, mesmo quando você se sente inadequado e, especialmente, quando se considera totalmente despreparado.

**Paula Faris**, autora, palestrante e apresentadora do
*The Paula Faris Faith and Calling Podcast*

# *Para um* MOMENTO COMO ESTE

# *Para um* MOMENTO COMO ESTE

## *CORAGEM PARA O HOJE, ESPERANÇA PARA O AMANHÃ*

MAX LUCADO

*Traduzido por:*
Vanderlei Ortigoza Junior

THOMAS NELSON
BRASIL®
*Rio de Janeiro, 2021*

Título original: *You were made for this moment: courage for today and hope for tomorrow*


PUBLISHER *Samuel Coto*
EDITOR *Guilherme H. Lorenzetti*
PREPARAÇÃO *Eliana Moura Mattos*
REVISÃO *Edson Nakashima*
ADAPTAÇÃO DE CAPA E PROJETO GRÁFICO *Filigrana*



As citações bíblicas sem a indicação da versão foram traduzidas diretamente da New International Version. As demais citações com indicação da versão foram traduzidas diretamente das seguintes versões: Berean Study Bible (BSB), English Standard Version (ESV), God's Word (GW), King James Version (KJV), The Message (A Mensagem), New American Standard Bible (NASB), New Century Version (NCV), New King James Version (NKJV), New Living Translation (NLT), New Testament in Modern English (Phillips) e The Living Bible (TLB).

Dados Internacionais de Catalogação na Publicação (CIP)

L966p Lucado, Max
1.ed. Para um momento como este : coragem para o hoje, esperança para o amanhã / Max Lucado; tradução de Vanderlei Ortigoza Junior. – 1.ed. – Rio de Janeiro: Thomas Nelson Brasil, 2021.
240 p.; 15,5 x 23 cm.

Título original : You were made for this moment: courage for today and hope for tomorrow.
ISBN : 978-65-56894-68-3

1. Ester (Personagem bíblico). 2. Motivação. – Aspectos religiosos – Cristianismo. 3. Intervenção divina. 4. Milagres. I. Ortigoza Junior, Vanderlei. II. Título.

08-2021/84 CDD 226.06

Índice para catálogo sistemático:
1. Motivação: Aspectos religiosos: Cristianismo 226.06
Bibliotecária responsável: Aline Graziele Benitez CRB-1/3129

Thomas Nelson Brasil é uma marca licenciada à Vida Melhor Editora LTDA.

Rua da Quitanda, 86, sala 218 – Centro
Rio de Janeiro – RJ – CEP 20091-005
Tel.: (21) 3175-1030
www.thomasnelson.com.br

*À nossa grande amiga Margaret Bishop, uma Ester de nossa geração com seu exemplo de coragem, fé e beleza. Denalyn e eu somos muito gratos pelo privilégio de conhecê-la e estamos entusiasmados para compartilhar com você o privilégio de sermos avós.*

# SUMÁRIO

# AGRADECIMENTOS

Muito tempo atrás, antes da existência do tempo, dois anjos revisavam a função designada para um sujeito (ainda não nascido) chamado Max. A prancheta que tinham em mãos trazia o título *escritor de livros cristãos*. Entretanto, ao checarem as habilidades atribuídas a Max e sua responsabilidade como autor, um anjo comentou: "Vamos ter de levar esse assunto para a administração. Max não vai dar conta do recado." "Concordo", respondeu o outro anjo, e ambos foram bater na porta do RH.

"Vocês estão certos", ouviram da gerência. "Sem dúvida, Lucado vai precisar de toda ajuda que o céu puder enviar." Depois de intensa troca de memorandos, ficou decidido que Max receberia auxílio de uma grande equipe composta pelos seguintes membros:

- Liz Heaney e Karen Hill (editoras de talento excepcional, capazes de ensinar jumentos a dançar e até peixes a cantar).
- Carol Bartley (tão talentosa que já estamos planejando indicá-la para revisar o Livro da Vida em busca de erros tipográficos).
- David Drury (caso tivesse nascido dois mil anos antes, receberia a função de epistológrafo; sem dúvida ajudará Lucado a andar na linha em questões doutrinárias).

- Steve e Cheryl Green (todos precisam de amigos como Steve e Cheryl; vamos reservá-los para Max).
- O time de heróis da HCCP: Mark Schoenwald, Don Jacobson, Tim Paulson, Mark Glesne, Erica Smith, Janene MacIvor e Laura Minchew (com uma equipe dessas é possível administrar uma galáxia inteira).
- Greg e Susan Ligon (esses dois receberão porção dobrada de talentos espirituais; saberão liderar, servir, administrar, estimular e aconselhar; verdadeiros heróis!)
- Dave Treat (sabe orar como Daniel e até se parece com Moisés)
- Peggy Campbell, Jim Sanders e toda a equipe dos Embaixadores (pessoas separadas pelo Altíssimo para cuidarem de dezenas de pastores; eles tratarão Lucado com muito amor e carinho).
- Caroline Green (combinação perfeita de Marta com Maria: talentosa empreendedora com um grande amor por Jesus).
- Andrea Lucado (mesmo sobrenome, porém muito mais esperta que o pai).
- Jana Muntsinger e Pamela McClure (rara combinação de sorriso com inteligência; perfeitas para publicidade).
- Janie Padilla e Margaret Mechinus (sempre calmas, resolutas e firmes como rocha).
- Mike Cosper e Yoram Hazony (o insight desses dois em seus respectivos estudos sobre Ester trarão muita inspiração e discernimento para Max).
- Brett, Jenna, Rosie, Max, Andrea, Jeff e Sara (uma família com raízes profundas e frutos em abundância).
- Por fim, Denalyn, a noiva (com quem Max dormirá todas as noites pensando "me casei com um a anjo!"; e com toda razão, pois ela será um presente de Deus).

Os dois anjos se entreolharam e sorriram. "Com uma equipe dessas", comentou um deles, "até Lucado será capaz de escrever livros".

*Capítulo 1*

# EM BUSCA DA PRIMAVERA

O inverno lança uma sombra gelada. Os dias são curtos. As noites, longas. O Sol parece tímido, escondido detrás de tons acinzentados. A temperatura fez as malas e se mudou para os trópicos. Que bom seria pegar uma praia agora, hein?

Mas não vai rolar. É inverno.

A primavera traz flores, os ventos de verão agitam as folhas, o outono nos presenteia com colheitas fartas, porém... o inverno? Tudo quieto, tudo parado. Os campos congelam, as árvores secam, a vida selvagem desaparece. Silêncio.

Não bastasse isso, o inverno vem acompanhado de perigos. Nevascas, tempestades de gelo. Todo cuidado é pouco. Passado o inverno, correremos descalços pelos campos para mergulhar na lagoa. Agora, porém, é melhor se agasalhar, subir o zíper, enfurnar-se em casa e se cuidar.

Afinal, é inverno lá fora.

Você está passando por uma temporada de inverno? Está vivendo em melancolia perpétua? Está familiarizado com solstícios nublados e árvores secas?

Sei de uma mãe familiarizada com essas coisas. Uma mãe com três filhos (dois que nem saíram das fraldas, e outro com deficiência) vivendo em um apartamento minúsculo, com um salário exíguo e um marido ausente. A vida no caos se provou difícil demais para ele. Ora, também é muito difícil para ela, mas que escolha essa mulher tem? Sempre há um pequenino precisando de comida, de fralda, de banho e de carinho. Sem opção, a mãe prossegue fazendo o que tem de fazer, aparentemente para o resto da vida. Ela também quer saber quando esse inverno vai passar.

Meu amigo Ed se pergunta a mesma coisa. Ele e eu temos muito em comum: boa saúde, péssimo desempenho em golfe, gosto por companhia de cachorros e ambos ainda casados com nossas respectivas esposas desde a era Jimmy Carter. A diferença é que minha esposa acabou de me perguntar o que eu gostaria para o jantar. A dele não se cansa de perguntar quem ele é. Um ano atrás, ele a colocou em uma instituição para deficientes mentais. Houve um tempo em que sonharam cruzar o país em um trailer. Hoje ele passa sua vida de aposentado dormindo sozinho e visitando diariamente uma mulher inexpressiva sentada em frente à janela, observando o infinito.

Você tem ideia do que esse meu amigo está passando? Você se lembra da primeira vez em que percebeu que sua vida não tomou o rumo que havia imaginado?

Seus pais se divorciaram.

Seu cônjuge te traiu.

Seu amigo não fala mais com você.

Sua saúde jamais se recuperou depois daquela doença.

Foi em um momento como esses que o frio siberiano se instalou em sua vida, transformando seu mundo em um círculo polar ártico de dias sombrios, noites longas e temperaturas de trincar os ossos.

Inverno.

Este livro nasceu em um inverno. À medida que escrevo, todos os seres humanos deste planeta estão expostos ao frio congelante da covid-19. Todos em *lockdown* por causa da pandemia. A respeito da mãe que mencionei acima, seu salário minguou, porque perdeu o emprego no restaurante em que trabalhava. Meu amigo Ed continua visitando a esposa, porém somente a vê de longe, pela janela. Igrejas fechadas, estudantes empacados em casa, sorrisos encobertos por máscaras. Um vírus microscópico paralisou toda a nossa vida.

Não bastasse isso, um pecado antigo ameaça nos destruir. Todos aqueles que consideravam o racismo um assunto ultrapassado foram obrigados a repensar. Um policial ajoelhado sobre o pescoço de um negro despertou uma fúria que irrompeu como vulcão nas ruas de muitos países.

Sim, o mundo inteiro parece mergulhado no inverno. Estamos todos em busca da primavera.

Embora sejam parte da vida, invernos são difíceis de enfrentar – tanto em sentido físico quanto emocional. Por mais que nos agasalhemos e nos esforcemos para avançar em meio à tempestade, até os mais corajosos dentre nós perigam sucumbir. Afinal, o vento é forte demais. As noites, longas demais. Quando esse inverno vai passar? Eis a pergunta que não quer calar. Sem dúvida você também deseja saber (ou não?) se sobreviverá a tudo isso.

Nesse caso, Deus tem para nós uma palavra de encorajamento, de apenas cinco letras: E-S-T-E-R.

O livro de Ester foi escrito para ser lido no inverno. Foi escrito para aquele que está emocionalmente exausto, para aquele que se sente cercado de inimigos, encurralado pelo destino, vencido pelo medo. É como se Deus, em sua bondosa providência, ouvisse todas as orações de todas as almas que já passaram por um inverno antártico. A todo aquele que anseia rever a primavera em nossos galhos secos, Deus diz: "Siga-me. Quero mostrar a você o que posso fazer".

Em seguida, ele nos conduz à primeira fileira de um teatro magnífico e convida a nos sentarmos. A um aceno seu, o maestro ergue a batuta, as cortinas se abrem e a música começa. Estamos diante de um drama divino triunfal.

O palco revela a cidade de Susã, quinto século a.C., na Pérsia (atual Irã). O Império Persa estava para a época de Ester como Roma estava para o primeiro século. Durante o reinado de Dario I (também conhecido como Dario, o Grande; 522-486 a.C.), a Pérsia "dominava mais de 7,5 milhões de quilômetros quadrados". O império dos persas representava aproximadamente 44% da população do mundo na época, estimada em 50 milhões de pessoas.[1] Estendia-se por 7 mil quilômetros, desde a atual Punjab, na Índia, até Cartum, no Sudão.[2] Para ter uma noção de o que isso significa, imagine percorrer a pé todo o litoral do Brasil, desde o Rio Grande do Sul até o Amapá, ou, se preferir, duplique o mapa dos Estados Unidos e coloque um ao lado do outro para ter uma ideia da extensão do Império Persa.

O elenco traz quatro personagens memoráveis.

Xerxes, um rei que gostava de vinho, desprezava as mulheres e mudava de opinião como quem troca de camisa. Governou a Pérsia de 486 a 465 a.C.[3] Seu nome em hebraico (Assuero) tem o som de um espirro bem caprichado, caso pronunciado corretamente. Por essa razão, usarei seu nome grego, Xerxes. (Além disso, nomes com duas letras "x" são divertidos de escrever.)

O livro de Ester o retrata como um banana beberrão de pouca massa encefálica, que se sentia mais à vontade com uma taça de vinho em uma das mãos enquanto com a outra entregava as decisões do reino a seus subordinados. A história não atribui a ele nenhum pensamento profundo ou decreto político relevante. Bastava pegá-lo de bom humor para induzi-lo a concordar com um genocídio – exatamente a estratégia do vilão da narrativa, um oficial rico e influente na corte persa chamado Hamã, um janota cheio de ginga que viajava de jatinho próprio, se vestia com alfaiates famosos, fazia manicure às segundas-feiras e jogava golfe com Xerxes às quintas-feiras. Um Hitler com total acesso ao rei.

Hitler, sim, pois Hamã compartilhava muitas características com Adolf: ambos exigiam adoração, eram intolerantes com os subversivos e tinham como objetivo de vida exterminar o povo judeu. Observe as palavras de Hamã e veja se não parecem ditas por Hitler.

> Então Hamã disse ao rei Assuero: "Há um povo espalhado e disperso por entre a nação em todas as províncias de teu reino; as leis

> deles são diferentes de todos os outros povos e não obedecem às leis do rei. Portanto, não é conveniente que o rei os favoreça. Se agradar ao rei, escreva um decreto para que sejam destruídos e pagarei 10 mil talentos de prata que entregarei nas mãos de teus servos para que seja trazido aos depósitos do rei" (Ester 3:8-9, NKJV).

Esse "povo" era a nação hebraica, isto é, os filhos de Israel, descendentes de Abraão e antepassados de Jesus Cristo. Havia judeus espalhados por todo o Império Persa. Para Hamã, não passavam de caspa sobre os ombros de Xerxes, mas para Deus eram o povo escolhido por meio do qual ele traria redenção para a humanidade.

Um desses judeus exilados irritou Hamã sobremaneira. Seu nome era Mardoqueu. Você vai simpatizar muito com esse camarada mais adiante, mas, por ora, ele nos causa certa perplexidade. Sossegado e reservado, Mardoqueu optou por esconder sua ascendência judaica. Contudo, em breve seria obrigado a mudar de atitude, por causa de Hamã.

"Mardoqueu tinha uma prima [...] a quem havia criado". Essa garota, além de órfã, provavelmente era uma beldade de parar o trânsito, porquanto "tinha uma aparência encantadora e era muito bonita" (Ester 2:7). Antigos documentos rabínicos mencionam Ester como uma dentre as quatro mulheres mais bonitas do mundo antigo (as outras três eram Sara, Raabe e Abigail).[4] Embora tenha sido escolhida por sua aparência, a história de Ester é relevante para os nossos dias em razão de sua convicção e coragem.

Eis, portanto, os principais personagens da trama: um rei cruel e estúpido, um vilão desalmado e sedento de vingança, uma nação em risco de extinção, um judeu determinado e provocador, uma garota deslumbrante e corajosa.

E Deus? Onde está ele nessa história? Outra pergunta que não quer calar.

O livro de Ester é famoso por ser um dentre dois livros bíblicos em que o nome de Deus jamais é mencionado.[5] Deus aparece em praticamente todas as páginas da Bíblia. No Éden, o Criador. Em Ur, aquele que chama. No Egito, o Libertador. Na Terra Prometida, o Guerreiro. Na Pérsia? Nada.

Em nenhum momento lemos "e Deus disse", ou "Deus escolheu", ou ainda "Deus decretou". Nenhuma menção ao templo, ou a *Javé*, ou a *Elohim*, termos hebraicos para se referir a Deus. Também não há nenhuma menção a visões apocalípticas (a exemplo de Daniel) nem à lei de Deus (a exemplo de Esdras). O texto menciona orações, mas não as descreve. O mar não se abre, o céu não trovoa, ossos não retornam à vida.

E por quê? Qual a razão para essa falta de espiritualidade? Qual o motivo para esse aparente silêncio de Deus?

Caso você esteja atravessando uma temporada de inverno, essas questões provavelmente já passaram por sua mente. Para você, Deus parece escondido, indiferente, distante, ausente. É como se seu mundo tivesse sido arremessado para longe do Sol.

Outros ouvem Deus, mas você, não. Declaram-se conhecedores da vontade de Deus, mas você se sente perdido. Eles têm acesso aos bastidores divinos, mas você nem sequer encontra o nome de Deus na brochura que tem em mãos. Onde está ele? Será que ele se importa? Para você, parece que não.

Se me permite, gostaria de chamar sua atenção para uma pepita de ouro escondida na história de Ester. Estou me referindo à providência discreta. *Providência* é um termo técnico que os teólogos usam para se referir ao controle contínuo de Deus sobre a história. Além de chamar o universo à existência, Deus o governa por meio de sua autoridade. De acordo com a Bíblia, "sustém todas as coisas por meio de sua palavra poderosa" (Hebreus 1:3). Ele é magnificente, majestoso e, mais importante, está *presente*. Deus não dedica mais atenção a Plutão que aos nossos problemas e sofrimentos.

Algumas vezes Deus interviu de forma dramática. Por meio de seu poder, o mar se abriu, maná desceu do céu, a virgem deu à luz e mortos ressuscitaram. Apesar disso, cada grito divino vem acompanhado de milhões de sussurros. O livro de Ester conta a história de um Deus que sussurra e administra, de forma invisível e inescrutável, todas as coisas para o bem de seu povo. Esse livro valioso chama nossa atenção para o fato de que Deus não precisa gritar para se fazer ouvir, não precisa projetar sombra para se mostrar presente. Deus continua eloquente em seu aparente silêncio e prossegue em suas atividades, mesmo quando dá a impressão de estar muito longe de nós.

Deus continua eloquente em seu aparente silêncio e prossegue em suas atividades, mesmo quando dá a impressão de estar muito longe de nós.

Deus parece ausente para você?

Nesse caso, o livro de Ester merece sua atenção. Mergulhe de cabeça nessa história.

Primeiro ato — *Confusão*: judeus trocam a bondade de Deus pelo *glamour* da Pérsia, a convicção pela transigência, a clareza pela confusão.

Segundo ato — *Crise*: um decreto de morte coloca milhares de judeus na UTI. De que forma um povo minúsculo poderia enfrentar toda uma sociedade pagã?

Terceiro ato — *Conquista*: o inimaginável aconteceu; algo tão inesperado, que a "tristeza se transformou em alegria, [e a] lamentação se transformou em um feriado de muita festa, alegria e risada" (Ester 9:22, A Mensagem).

O tema do livro de Ester – na verdade, de toda a Bíblia – comunica que todas as injustiças do mundo serão convertidas em bem. Grandes reviravoltas são a marca registrada de Deus. Quando sentimos que o mundo está desmoronando ao nosso redor, na verdade Deus está trabalhando em nosso meio para que tudo se encaixe perfeitamente. Ele é

A mensagem principal do livro de Ester é: *O socorro virá. Você deseja participar*?

o Rei da providência discreta e nos convida para participarmos de sua obra. A mensagem principal do livro de Ester é: *O socorro virá. Você deseja participar?*

Quando tudo parece perdido, na verdade não está. Quando o mal parece triunfar, Deus ainda tem a palavra final. Ele tem um José para cada escassez e um Davi para cada Golias. Quando seu povo necessita de socorro, Deus chama Raabe para ajudar. Quando o bebê Moisés precisa de uma mãe, Deus desperta compaixão em uma princesa egípcia. Ele sempre tem alguém para ajudar.

Grandes reviravoltas são a marca registrada de Deus.

Na história de Ester não foi diferente.

E, em sua história, caro leitor, ele tem você.

Você quer se afastar, se calar, permanecer escondido nos bastidores. "Não sei lidar com essa situação", diz para si mesmo. "Criado para este momento? Que bobagem!"

Caríssimo leitor, não caia em desespero.

*O socorro virá. Você deseja participar?*

Sem dúvida, o mundo anda extremamente confuso. Apesar disso, as soluções de Deus vêm por meio de pessoas corajosas. Pessoas como Mardoqueu e Ester. Pessoas como você, que ousam crer, pela graça de Deus, que foram criadas para enfrentar momentos como este.

Um recado a todos aqueles que estão empacados no primeiro e no segundo ato, saibam que o terceiro ato está a caminho. No plano de Deus, confusão e crise são o caminho para a conquista. Invernos não duram para sempre. Em breve as árvores florescerão e a neve derreterá. A primavera está a apenas uma virada de página no calendário. Tanto quanto sabemos, a mão de Deus já está se movendo para virar essa página.

**PRIMEIRO ATO**

# CONFUSÃO:

*FÉ EM UM MUNDO INCRÉDULO*

Sentados à mesa, ambos estavam calados. Ele, cutucando vagarosamente um ensopado de carne e legumes. Ela, apenas fitando o prato à frente.

— Você nem sequer tocou a comida — disse ele depois de um tempo. — Você precisa se alimentar.

— Não estou com fome.

Ele quis contestar, mas pensou melhor e desistiu. Banhados à luz de velas, olhou para o rosto jovem dela: pele sedosa, queixo altivo, olhos castanhos salpicados de um dourado elusivo.

— Ester — disse ele em voz baixa —, é a melhor opção.

Ela ergueu a cabeça e olhou para ele. Os olhos dela estavam cheios de lágrimas prontas para se derramarem.

— Mas eles vão descobrir.

— Não, se você agir com cuidado. Fale pouco, não dê nenhuma pista, não chame a atenção.

Os olhos dela clamavam por socorro.

— Nosso povo anda sem rumo em Susã — prosseguiu ele. — Ninguém se lembra de Jerusalém, ninguém se lembra do Templo. Seus pais, bendita seja a memória deles, viveram e morreram na Pérsia. Nosso destino não é diferente. É melhor nos acostumarmos e tirar o máximo de proveito.

— Mas ele vai exigir demais de mim.

Mardoqueu ajeitou seus cabelos grisalhos e, em seguida, tocou a mão dela no outro lado da mesa.

— Não temos outra saída, Ester. O rei já proclamou o decreto. Soldados virão buscá-la amanhã. Não há como escapar.

Mardoqueu soltou um suspiro pesado, levantou-se e caminhou até a janela. Sua casa na cidadela lhe permitia ouvir os sons tênues de orações e observar as luzes cintilantes de Al-Yahudu, o bairro dos judaítas, uma comunidade isolada de judeus. Mardoqueu costumava observá-los de longe e raramente os visitava. Afinal, eles não o compreendiam: ele e sua posição na corte, ele e sua identidade oculta, ele e sua fé secreta.

Verdade seja dita, Mardoqueu também não os compreendia. Porventura não é possível cultivar mais que uma lealdade? Uma transigência aqui, um segredo ali, um exagero acolá... Quem ficaria sabendo?

— Além disso — acrescentou ao se voltar para ela —, pode ser uma oportunidade. Quem sabe outras portas se abrirão para nós?

— Sim, mas a que custo? — replicou ela, ao se levantar e parar ao lado dele na janela.

Mardoqueu colocou o braço sobre o ombro de Ester e sussurrou:

— O Senhor estará com você, como eu também estarei.

*Capítulo 2*

# NÃO SE ACOSTUME COM A PÉRSIA

Culpe a onda de calor repentina. Culpe as flores das árvores. Culpe o ímpeto do amor da juventude.

Acima de tudo, culpe um ataque gravíssimo de estupidez.

Ela e eu cursávamos faculdade e já havíamos nos encontrado uma ou duas vezes. Ambos percebemos uma faísca de romance. Era primavera e o céu acinzentado finalmente havia se dissipado. Em um sábado à tarde de céu azul e brisa morna, dirigíamos por uma estrada do interior com os vidros abaixados e a emoção nas alturas. Se a viagem foi planejada ou improvisada, não tenho certeza, mas me lembro de campos de trigo de inverno viçosos e verdejantes, extremamente convidativos.

Tenho certeza, porém, de que a brincadeira foi ideia minha. Afinal, vez ou outra sou acometido de ímpetos de insensatez. Uma vez tentei impressionar uma garota com um salto acrobático no rio. Ainda bem que não pulei de cabeça, pois tinha apenas meio metro de profundidade. Afundei os pés na lama até a altura dos tornozelos.

Voltando ao campo de trigo, por acaso mencionei como era belíssimo? Parecia um extenso tapete verde-oliva. Por acaso também mencionei o clima de romance no ar, ela se apaixonando por mim e eu por ela? Quando sugeri a ela corrermos descalços em meio à plantação, minha ideia era sair de mãos dadas e saltitantes de alegria. Quem sabe até rolasse um primeiro beijo?

Estacionei o carro, tiramos os sapatos e as meias e pulamos o cercado com a expectativa de aterrissar em um solo macio como tapete. Que infelicidade.

Plantações de trigo são verdejantes na superfície, porém pedregosas e pontudas por baixo. Depois de três ou quatro passos, tivemos que interromper a caminhada. Nesse momento, ela olhou para mim com aquela cara de quem-teve-essa-ideia-idiota. Ao retornarmos, meu ego estava mais machucado que meus pés. Foi o começo do fim para nós, o dia em que o romance faleceu em um campo de trigo no Texas (Parece até nome de música *country*).

Você também cometeu esse mesmo erro. Não em um campo de trigo, mas na vida. Sim, caiu em uma arapuca. Foi logrado, iludido, atraído para um campo verdejante apenas para descobrir que se tratava de uma plantação de espinhos.

Lembra-se de noites alegres que terminaram em solidão? De como a promessa de dinheiro rápido terminou em uma dívida ainda maior? Lembra-se daquela vez em que ele seduziu você para a cama dele? Daquela vez em que ela te convenceu de que te amava? A sola do pé não sofreu, mas você teve um coração partido, uma conta bancária negativa e, assim espero, aprendeu uma lição: nem tudo é o que parece. Tudo que parece bom demais para ser verdade geralmente é mesmo.

> Períodos de dificuldade podem levar a decisões ruins.

Eis uma exortação para os sábios e uma advertência importante para todos aqueles empacados no inverno: períodos de dificuldade podem levar a decisões ruins. Perdemos o rumo, nos esquecemos do chamado de Deus, trocamos nossas convicções pelas luzes cintilantes da Pérsia. Exatamente a tentação que os judeus enfrentaram.

Observe o começo da história.

> No terceiro ano de seu reinado, [Xerxes] ofereceu um banquete a todos os seus nobres e oficiais. Estavam presentes os líderes militares da Pérsia e da Média, os príncipes e os nobres das províncias (Ester 1:3).

Xerxes usou esse banquete como pretexto para convencer todos os nobres, oficiais, príncipes, governadores e líderes militares da Pérsia a apoiarem sua guerra contra os gregos.[1] A cidadela, sede de seu trono, se erguia muito acima da cidade. Era possível avistá-la a quilômetros de distância. A imensidade da estrutura comunicava a mensagem de que ali governava um rei importante. "Ouçam-no todos vocês!"

Xerxes estava com 35 anos e era dono de uma riqueza inimaginável. Seu palácio ostentava "cortinas de linho de cor branca e azul [...] sofás de ouro e prata sobre um piso de mosaicos de pórfiro, mármore, madrepérola e outras pedras preciosas" (Ester 1:6). O saguão do palácio era formado por 36 colunas de 20 metros de altura. No topo de cada coluna havia uma escultura em formato de dois búfalos, sobre os quais se apoiavam as imensas toras de madeira que sustentavam o teto.[2] Até o pavimento em forma de mosaico era uma obra de arte. Quando Alexandre, o Grande, entrou no palácio de Susã um século mais tarde, encontrou, em valores atuais, o equivalente a 54,5 bilhões de dólares em barras de ouro, além de 270 toneladas de moedas de ouro.[3] Dinheiro não era problema para Xerxes.

Prometeu riquezas e recompensas a todos que se dispusessem a lutar. Para provar que tinha condições de cumprir a promessa, ofereceu uma festa no estilo Las Vegas, com duração de seis meses. "Durante cento e oitenta dias ele mostrou a enorme riqueza de seu reino e o esplendor e a glória de sua majestade. Terminados esses dias, o rei ofereceu um banquete de sete dias no jardim interno de seu palácio para todo o povo da cidadela de Susã, desde o maior até o menor" (Ester 1:4-5).

Foi um carnaval de comida e bebida, uma festança lotada de funcionários, investidores e aproveitadores, todos se acotovelando e contando vantagens uns aos outros enquanto entortavam o caneco. Mesas e mesas repletas do bom e do melhor. Vinho servido como se fosse água. Todo mundo bebendo quanto desejasse e muito mais. Seis meses de iguarias, desfile de celebridades, *pinot noir* e falta de moderação. E Xerxes supervisionando tudo.

Próximo ao fim do carnaval, entretanto, o rei começou a revelar sua verdadeira faceta. Em seu 187º dia de festança, já "muito animado por causa do vinho" (Ester 1:10), exigiu a presença da Rainha Vasti. Embriagado, Xerxes quis exibir sua esposa, mulher "muito adorável de ver" (Ester 1:11). Aparentemente, Xerxes esperava que Vasti dançasse na frente de seus coleguinhas e os inebriasse com seu perfume.

De acordo com o Midrash, antiguíssimo comentário a respeito de Ester, Xerxes ordenou que sua rainha entrasse vestida somente com a coroa.[4] Não é possível confirmar esse detalhe, porém uma coisa é certa: ele não a convidou para ouvir a opinião dela acerca de assuntos de Estado. Seu desejo era exibi-la aos seus companheiros de pôquer.

A Pérsia não era um lugar seguro para uma mulher. Naquela época, as mulheres eram consideradas propriedades, incluindo a rainha. Vasti passava a maior parte do tempo enclausurada em algum cômodo, sendo mimada e enfeitada para quando o rei a chamasse. Nada mais era que um acessório, um troféu de estante. Sua única função era fazer que Xerxes parecesse poderoso e importante.

Mal sabia o rei a surpresa que o aguardava: Vasti se recusou a obedecer-lhe. "O quê? Rebolar diante de um bando de machos pinguços? *Tô* fora." (É isso aí, Vasti. Mandou bem.)

"O rei se enfureceu e ficou vermelho de raiva" (Ester 1:12).

Cabe outro gracejo aqui: Xerxes, grande e poderoso magnata, mandachuva de 127 províncias (Ester 1:1), supremo chefão do mundo, perdeu para a própria esposa. Depois de meses se exibindo em meio a banquetes regados a muito vinho, na última noite se mostrou um grande bocó diante de seus comparsas de boteco. Sua tentativa de parecer grandioso deixou transparecer sua incompetência. Em sua perplexidade, Xerxes convocou uma reunião de emergência, juntou seus conselheiros (a essa altura, todos praticamente bêbados) e exclamou: "Galera, deu ruim. E agora?".

Conselheiros sábios teriam sugerido que resolvesse o assunto em particular. Teriam lembrado ao rei que seis meses de cachaça entorpecem a mente e teriam sugerido que desse um tempo até retornar à sobriedade. Mas Xerxes foi abençoado com um gabinete de assessores quase tão estúpidos e bêbados quanto ele. Reunidos em um círculo, todos abraçados uns aos outros por cima dos ombros, chegaram a uma conclusão bizarra.

> A rainha Vasti agiu mal, não apenas contra o rei, mas também contra todos os nobres e os habitantes de todas as províncias do rei Xerxes. O comportamento da rainha se tornará conhecido entre todas as mulheres e elas também desprezarão seus maridos e dirão: "O rei Xerxes ordenou que a rainha Vasti fosse trazida perante ele, porém ela se recusou" (Ester 1:16-17).

O raciocínio deles exala um forte odor de medo. "Turma, precisamos agir. Alguma coisa tem de ser feita, caso contrário o mundo pode acabar hoje mesmo."

*Mulheres começarão a pensar por si mesmas.*
*Homens terão de ser bondosos com suas esposas.*
*Filhas começarão a imaginar uma vida fora da cozinha*!
Como evitar essa tragédia? Simples: Vasti tem de ser banida.

> Que seja escrito nas leis da Pérsia e da Média, que não se pode revogar, que Vasti jamais compareça à presença do rei Xerxes. Além disso, que o rei entregue a posição de rainha à outra que seja melhor que ela. Desse modo, quando o decreto do rei for proclamado por todo o seu imenso império, todas as mulheres respeitarão seus maridos, desde o maior até o menor (Ester 1:19-20).

Mas de que planeta vieram esses caras? Quem misturou ignorância ao vinho deles? Seria possível que estivessem tão cegos, arrogantes e desconectados da natureza humana, a ponto de imaginarem que um decreto seria capaz de engendrar respeito ao gênero masculino? E de pensar que supervisionavam a administração do maior império do mundo? Cambada de cafajestes, isso sim.

A ostentação de Xerxes (festança, riqueza, poder) se transformou em demonstração de ignorância (imoderação, indecisão, estupidez). Apesar de toda a sua pompa e macheza, Xerxes não passava de um cabeçudo misógino.

Percebeu a ironia? Balançou a cabeça em sinal de desaprovação? Revirou os olhos em desdém com a reação de Xerxes? Nesse caso, o autor de Ester alcançou o objetivo. A história de Xerxes e a história de minha desventura no campo de trigo insinuam a mesma possibilidade: e se o brilho e o *glamour* não passarem de bobagem e fraqueza? E se a sedução dos holofotes for um embuste? Tapete vermelho, atenção da mídia, festas particulares, clubes de elite. E se toda essa fanfarra e pedantismo não passarem de um enorme campo de trigo de inverno?

Não seja estúpido.

Não caia nessa.

Não se deixe levar.

Não morda a isca.

Não pague para ver.

Não se acomode na Pérsia.

Permaneça fiel ao seu chamado de santidade.

Gostaria de ampliar nosso campo de visão para oferecer um pouco mais de contexto. Você tem um tempinho para alguns parágrafos de história hebraica?

Quando Deus chamou Abraão para sair de Ur, fez uma aliança (uma promessa) estipulando que Abraão seria pai de uma nação santa. "Abençoarei os que te abençoarem e amaldiçoarei os que te prejudicarem. E todos os povos da terra serão abençoados por teu intermédio" (Gênesis 12:3, NCV).

De que maneira Deus abençoaria o mundo por meio de Israel? Primeiro, os israelitas teriam de viver de um modo que espelhasse a glória e a bondade de Deus. Ao contrário dos cananeus, povo depravado, promíscuo e violento que vivia em torno de Israel, os israelitas adorariam seu Criador, amariam seus vizinhos e honrariam suas famílias. Segundo, providenciariam uma linhagem por meio da qual nasceria Jesus Cristo, a bênção suprema para o mundo. Os filhos de Israel atuariam como tutores e zeladores da aliança de Deus com Abraão.

Por essa razão, deveriam se manter separados, isto é, ter uma vida diferente, santa, consagrada. Estavam proibidos de se casar com não judeus, de adorar divindades pagãs ou de assimilar culturas pagãs. Tinham um modo próprio de adorar, de viver e de amar.

E eles conseguiram viver desse modo? Por incrível que pareça, algumas vezes sim (por exemplo, a conquista da Terra Prometida por meio de Josué). Outras vezes, porém, infelizmente não (por exemplo, a longa lista de reis corruptos, cada um mais perverso que seu antecessor). Com o tempo, os israelitas acabaram se esquecendo completamente de Deus, a ponto de ele ter que recorrer ao exílio para chamar a atenção deles.

Em 586 a.C., os babilônios atacaram Jerusalém e deportaram cerca de 10 mil habitantes dentre a elite da população. Em 539 a.C., os persas destruíram os babilônios. No momento em que chegamos à história de Mardoqueu e Ester, os judeus estavam em exílio há três gerações e a quase 2 mil quilômetros de Jerusalém.

Difícil imaginar que algum israelita ainda se lembrasse de sua terra natal. Afinal, viviam rodeados por persas, todos os dias expostos ao som de passos de soldados e a rodas de carros de guerra. Comerciantes judeus faziam negócios com não judeus. Fazendeiros judeus vendiam sua produção aos persas. Os judeus moravam em meio à riqueza e às fragrâncias dos templos estrangeiros. Além disso, judeus verdadeiramente

À medida que adoramos a Deus, amamos o próximo e cuidamos da nossa família, tornamo-nos *embaixadores* da mensagem de Deus.

devotos haviam aproveitado a oportunidade de retornar a Jerusalém com Zorobabel (Esdras 2:1-2; 3:8) e Esdras (Esdras 7:1,9).

Os judeus que permaneceram na Pérsia *optaram* por ficar. Afinal, o exílio havia sido muito generoso com eles. Desfrutavam de boa remuneração e estabilidade de emprego. Alguns, aliás, eram mais persas que judeus. Para desfrutar o sucesso e a riqueza de Susã, bastava um pouco de estratégia, jogar de acordo com as regras e se deixar assimilar pela cultura.

Ao contrário de outros livros do Antigo Testamento que narram a conquista da Terra Prometida pelos judeus, Ester apresenta um povo distante de sua terra natal. Jerusalém estava muito longe. Em contrapartida, a Pérsia se mostrava relevante, magnífica, convidativa, um gigantesco campo de trigo. (Creio que o autor de Ester teria gostado da minha metáfora.) O primeiro capítulo de Ester tem por objetivo apresentar uma questão muito simples: a Pérsia está mentindo para você.

Porventura também não precisamos dessa exortação? A missão entregue aos judeus foi repassada para nós. Deus mostra sua glória e bondade por meio da igreja. À medida que adoramos a Deus, amamos o próximo e cuidamos da nossa família, tornamo-nos embaixadores da mensagem de Deus.

A exemplo dos judeus, também somos zeladores, isto é, zeladores da mensagem de Jesus, que veio da linhagem judaica e hoje se manifesta por meio da vida de seus santos. À medida que você e eu vivenciamos nossa fé, Jesus se manifesta para uma cultura faminta de fé. Temos a esperança de que o mundo necessita.

Entretanto, algumas vezes nos esquecemos de que a Pérsia está mentindo. Sem querer querendo, me vejo obrigado a revelar uma verdade: indústrias bilionárias estão seduzindo você para um estilo de vida que traz prejuízo e exaustão à sua vida.

Quer exemplos? Veja este: *a pornografia é uma manifestação inofensiva de sexualidade.* Sério? Na verdade, é tão viciante quanto drogas ou álcool,[5] e ainda por cima altera a estrutura cerebral.[6] E o que dizer do tráfico sexual e da violência que ele estimula? Apesar disso, empresários de pornografia sussurram aos ouvidos dos incautos: "Não se preocupe; é apenas sexo, não faz mal a ninguém".

Mentira.

Ou este: *vence aquele que morrer com mais brinquedos*. Você é o que você tem, portanto adquira o máximo possível. Faça dívidas, empreste dinheiro, assuma financiamentos a perder de vista e não se preocupe: você não vai se arrepender. Hoje a dívida da classe média norte-americana está em mais de 145 mil dólares por família, incluindo um mínimo de 7 mil dólares em dívidas no cartão de crédito.[7] Nós nos prostramos diante de bugigangas na esperança de que nos tragam felicidade, mas o Criador nos mostra a verdade: "Não acumulem para vocês tesouros na terra, onde a traça e a ferrugem destroem [...] mas acumulem para vocês tesouros no céu" (Mateus 6:19-20, NKJV).

É hora de nos levantarmos e ajudar. Afinal, fomos criados para este momento.

Outra mentira: *um drinque ao final do dia ajuda a relaxar, e o que há de errado nisso*? De acordo com o marketing que fomenta a indústria de bebida alcoólica, "absolutamente nada".

"Desfrute o melhor da vida", apregoa a cerveja Miller.

"Encontre sua praia", proclama a Corona Extra.

"O melhor *happy hour* do mundo", ostenta o uísque Jameson.

"Um trago de aventura", propõe a tequila Jose Cuervo.[8]

Apesar disso, por baixo dessas propagandas engenhosas encontramos um hediondo abuso de álcool. Beber em excesso prejudica o corpo, a saúde mental, o casamento, o trabalho, as amizades, a produtividade e a gravidez.[9]

A lista é extensa e poderíamos prosseguir por vários capítulos. Mentiras acerca de identidade, raça e pluralismo estão por toda parte, recheadas de consequências devastadoras.

À medida que escrevo, pessoas estão caindo em depressão,[10] pedidos de divórcio estão aumentando 34% ano a ano,[11] ligações para serviços de saúde mental aumentaram 891%[12] e a taxa de suicídio está em seu ponto mais alto desde a Segunda Guerra Mundial.[13] Uma em cada quatro pessoas com idade de 18 a 24 anos pensou seriamente em suicídio nos trinta dias anteriores à pesquisa.[14]

Como deve viver o cristão em uma sociedade pagã? Misturar-se e ser absorvido? Não. É hora de nos levantarmos e ajudar. Afinal, fomos criados para este momento.

Em minha época de escoteiro, obtive um distintivo de primeiros socorros que me capacitava a enfaixar um tornozelo distendido ou aplicar curativo em um joelho machucado. Em um acampamento, fui designado para ficar de prontidão na barraca de primeiros socorros. Empolgadíssimo, vesti a braçadeira de primeiros socorros e me coloquei em pé ao lado da bandeira de cruz vermelha. Eu me senti o cara. Entretanto, à medida que observava as atividades, comecei a me sentir abandonado. Todo mundo correndo, nadando, jogando e competindo, e eu parado em frente à barraca. Bateu uma vontade muito forte de tirar a braçadeira e me juntar aos demais. Um chefe escoteiro me ouviu resmungando e chamou minha atenção. "Você tem uma função especial aqui. Você precisa agir diferente. Essa barraca é para receber crianças machucadas."

Continuei em meu posto.

Você continuará em seu posto?

Não é hora de brincar na Pérsia.

Vocês são povo escolhido, sacerdócio real, nação santa, propriedade especial de Deus para anunciar a glória daquele que os chamou das trevas para a sua maravilhosa luz. Antes vocês sequer eram povo, mas agora são povo de Deus; não haviam recebido misericórdia, mas agora a receberam. Queridos amigos, insisto que, como estrangeiros e peregrinos, abstenham-se de desejos pecaminosos que

Você não foi criado para
reis temperamentais e festas
de ostentação. Você foi
criado para servir ao Deus
todo-poderoso e ser templo
de seu Espírito Santo.

> guerreiam contra a alma. Vivam entre os pagãos de modo exemplar a fim de que, ainda que os acusem de praticar o mal, eles vejam as boas obras de vocês e glorifiquem a Deus no dia de sua visitação (1Pedro 2:9-12).

Você não foi criado para reis temperamentais e festas de ostentação. Você foi criado para servir ao Deus todo-poderoso e ser templo de seu Espírito Santo. A Pérsia nada tem a oferecer. Hollywood não é capaz de satisfazer nossas necessidades. A indústria de publicidade promete coisas grandiosas, mas rouba nossa esperança. A vida pagã não é uma vida que traz vida.

Será que Mardoqueu e Ester perceberão isso? Será que resistirão ao fascínio da decadência? Quem triunfará: a fé ou a aparência? A resposta poderá surpreender você. Poderá até *advertir* você. Os heróis bíblicos nem sempre começaram bem. Como você e eu, eles também aterrissaram no lado errado da cerca.

Não quero estragar a surpresa do próximo capítulo. Basta dizer que em breve os personagens principais terão de aplicar curativo nos pés.

*Capítulo 3*

# A GAROTA COM DOIS NOMES

Tenho duas perguntas para fazer no céu. Não são reclamações, pois não haverá reclamação por lá. Para dizer a verdade, nem sei se poderemos fazer perguntas, mas, se pudermos, gostaria de esclarecer duas coisas: mosquitos e Ensino Fundamental. Você não acha que o mundo seria melhor sem esses sugadores de sangue infernais e sem esse esquisitíssimo período intermediário que chamamos de "Ensino Fundamental"?

Em minha adolescência, eu era um *nerd* super tímido. Se me obrigassem a escolher entre falar com uma garota ou fazer um tratamento de canal, sairia correndo para o dentista. Eu e dois amigos vivíamos rodeados de livros. Não éramos populares, não nos vestíamos na moda e não falávamos as gírias. Tudo que fazíamos era estudar. Em verdade, competíamos para ver quem obtinha as melhores notas, sentávamos na primeira fileira da classe e usávamos (e agora não deixe sua régua de cálculo cair no chão) protetores de bolso para canetas! *Nerds ao extremo*. Todavia, não era problema para mim, até um *geek* se mudar e o outro arranjar um emprego. Em um piscar de olhos, este magricela desajeitado com a cara repleta de espinhas se viu totalmente sozinho.

Entretanto, eu tinha uma vantagem: sabia jogar beisebol. Não era assim um fenômeno, mas era bom o bastante para meu pai me convencer a fazer um teste para a Pony League [Liga Infantil] e bom o bastante para ser selecionado. Para quem nunca ouviu falar, a Pony League é uma etapa intermediária entre os anos desajeitados do

Ensino Fundamental e a Little League [Liga de Juniores]. Eu era um novato em um time formado por garotos que estudavam no penúltimo e último anos do Ensino Fundamental.

O primeiro dia de treino ocorreu em um dia gelado de março. A ventania de inverno impedia a chegada da primavera. Uma frente fria derrubou a temperatura e entortou galhos que começavam a dar sinal de vida. Minha mãe me fez usar um agasalho que tinha o emblema da Faculdade Cristã Abilene, uma instituição de artes liberais em que minhas irmãs haviam se formado e na qual eu também me formaria eventualmente. Já estávamos no carro a caminho do treino (veja bem, meu primeiro treino com garotos veteranos) quando notei a estampa "Cristã Abilene". Fiquei horrorizado na hora. Jamais poderia aparecer com um agasalho que me identificasse como "cristão". Afinal, nenhum garoto bacana ou popular é cristão. De jeito nenhum eu faria minha estreia como cristão. Minha fama de *nerd* e novato já era ruim o suficiente.

A confissão do que fiz em seguida talvez resulte em minha expulsão do sacerdócio. Depois de minha mãe me deixar em frente ao campo de treino, esperei até ela desaparecer de vista, tirei o agasalho, embolei-o e o escondi atrás da rede de *backstop*. A fim de não arriscar ficar fora do time, optei por enfrentar o frio só de camiseta.

Não me orgulho da minha decisão. Sem dúvida o apóstolo Paulo estava falando com minha versão adolescente quando escreveu: "Não se conforme com o padrão deste mundo, mas seja transformado pela renovação de sua mente" (Romanos 12:2).

"Não se conforme com o padrão deste mundo".

Conformar-se ou transformar-se. São as únicas opções que temos. Naquele dia, decidi não vestir a camisa.

Ester e Mardoqueu fizeram a mesma coisa, isto é, disfarçaram sua identidade. Conformaram-se.

Você ficou incomodado com o que acabei de escrever? Temos a tendência de enxergar Ester e Mardoqueu como pessoas de grande caráter: ela, uma versão feminina de Daniel; ele, um Paulo com nervos de aço. Heróis que jamais vacilaram, jamais cometeram erros, jamais se esquivaram de suas responsabilidades. Por Deus, eles salvaram a nação judaica! Que seus rostos sejam esculpidos no monte Rushmore dos hebreus por tal bravura.

> Conformar-se ou transformar-se. Essas são as únicas opções que temos.

Contudo, eles não agiram desse modo desde o início.

Os personagens registrados na Bíblia são complexos. Não são recortes unidimensionais que se encaixam com facilidade em flanelógrafos de escola dominical. Moisés cometeu assassinato antes de se tornar libertador. José era um metido a besta antes de se tornar príncipe. O apóstolo Pedro proclamou Cristo em Pentecostes, mas antes disso o negou na véspera da crucificação. Todos os seres humanos apresentados na Bíblia eram exatamente isto: seres humanos, pessoas de verdade como você e eu; pessoas que, também como você e eu, passaram por bons e maus bocados e, bem, também disfarçaram sua fé.

"Depois disso", inicia o capítulo 2 de Ester, "passada a ira do rei Assuero, ele se lembrou de Vasti, do que ela havia feito e do que ele havia decretado contra ela" (Ester 2:1).

"Depois disso". Disso o quê? O que houve entre os capítulos um e dois? O texto traz uma pista mais adiante. "Ester foi levada ao rei Xerxes, no palácio real, no início do inverno de seu sétimo ano de reinado" (Ester 2:16, NLT).

Considerando-se que a história começou no "terceiro ano de seu reinado" (Ester 1:3), verificamos que se passaram quatro anos desde que Xerxes havia humilhado Vasti. Durante esses quatro anos, Xerxes empreendeu uma tentativa ambiciosa e, ao mesmo tempo, desastrada, de invadir a Grécia. É seguro afirmar, portanto, que estava aborrecido e desanimado. Ao retornar para casa, "se lembrou de Vasti", isto é, percebeu que estava sem uma rainha, sem alguém para recebê-lo de braços abertos na entrada do palácio, sem uma esposa para lhe oferecer consolo e palavras de estímulo. Talvez tenha sido seu ego ferido que o induziu a seguir a recomendação de seus conselheiros e substituir Vasti por "outra que seja melhor que ela" (Ester 1:19). Enfim, alguém que o obedecesse sem reclamar e que o fizesse ficar bem na fita.

O decreto exigiu que fossem trazidas as mais belas virgens de todo o grande império, a fim de que Xerxes escolhesse uma. Estima-se que reuniram de 400 a 1.460 candidatas.[1] Professores de escola dominical têm dificuldade de captar a atrocidade desse fato. Essas garotas não estavam lá para amar o rei, mas para entretê-lo. Inexperientes e, sem dúvida apavoradas, foram obrigadas a abandonar sonhos e aspirações para atender aos caprichos de um monarca inseguro. Aquelas que não fossem escolhidas teriam de passar o resto da vida como concubinas dele. Jamais poderiam retornar às suas famílias e jamais poderiam comparecer perante o rei, exceto por ordem dele. Todos os filhos que concebessem seriam criados como servos do palácio e jamais seriam considerados herdeiros do trono.[2] Além disso, essas jovens jamais poderiam ter relações com outro homem. Nesse caso, o rei não teria de se preocupar que outro, na calada da noite, ouvisse que era um amante melhor que Xerxes.[3]

Sim, repugnante.

Foi justamente nesse caldeirão tóxico chamado Pérsia que um judeu chamado Mardoqueu e sua prima Hadassa foram parar.

> Havia na cidadela de Susã um judeu da tribo de Benjamim chamado Mardoqueu, filho de Jair, filho de Simei, filho de Quis, que havia sido levado de Jerusalém para o exílio por Nabucodonosor, rei da Babilônia, juntamente com outros cativos, incluindo Joaquim, rei de Judá (Ester 2:5-6).

Para você e para mim, o parágrafo acima não produz nenhuma reação. Talvez algum comentário a respeito de um ou outro nome mais difícil de pronunciar, e só. Entretanto, para os judeus pós-exílio, conhecedores da Torá e treinados para apreciar sua identidade como povo da aliança de Deus, sem dúvida o texto suscitaria surpresa e questionamentos.

Por exemplo, por que Mardoqueu morava na cidadela de Susã? Morar na cidadela equivalia a morar na região do Capitólio em Washington, D.C. Susã era o epicentro de influência e administração da Pérsia. A maioria dos judeus exilados morava bem longe dali, totalmente afastada do centro de poder e da política dos persas. Mardoqueu não apenas morava na cidadela, como também "trabalhava no palácio" (Ester 2:21, TLB).

O sujeito trabalhava para Xerxes! Mardoqueu vivia no centro da politicagem. Hoje, 2.500 anos e milhares de páginas da história depois, não parece ser um problema. Bom para Mardoqueu, que mandou bem e alcançou o sucesso em uma terra estrangeira. Para o povo judeu, entretanto, era uma questão muito séria. Lembre-se de que ser judeu significava ser chamado para uma vida santa. Contudo, Mardoqueu estava arrolado na folha de pagamento de um rei pagão.

Até seu nome era pagão: "Mardoqueu", uma adaptação de "Marduque", divindade masculina da Pérsia.[4] Em outras palavras, seu teônimo era uma homenagem a um deus estrangeiro! Por acaso algum judeu devoto hoje em dia chamaria seu filho de Maomé ou trabalharia para o governo iraniano? Muito provavelmente, não. Nesse caso, como explicar um judeu nomeado em homenagem a uma divindade pagã e registrado na folha de pagamento dos persas?

Uma resposta talvez esteja na lista de nomes apresentada na passagem citada mais acima: Mardoqueu era "filho de Jair, filho de Simei, filho de Quis, que havia sido levado de Jerusalém para o exílio por Nabucodonosor, rei da Babilônia, juntamente com outros cativos, incluindo Joaquim, rei de Judá" (Ester 2:5-6). Mardoqueu, portanto, era um judeu de terceira geração. Nesse caso, houve tempo suficiente para que as peculiaridades da linhagem hebraica desaparecessem. Ao assumir o nome pagão que recebeu, Mardoqueu passou a cultivar suas convicções na clandestinidade. Tirou seu agasalho e o escondeu atrás da rede.

E instruiu Ester a fazer o mesmo.

> Mardoqueu tinha uma prima chamada Hadassa, a quem havia criado, pois ela não tinha pai nem mãe. Essa jovem, também conhecida como Ester, tinha uma aparência encantadora e era muito bonita. Mardoqueu a havia tomado como sua própria filha quando o pai e a mãe dela morreram (Ester 2:7).

*Hadassa* tem origem em um termo hebraico que significa "murta". De acordo com alguns comentários rabínicos, *murta* significa "idôneo".[5] Muito apropriado, uma vez que Hadassa em breve tomaria uma atitude idônea.

Apesar disso, também se chamava Ester, em homenagem à deusa persa Ishtar.[6] Quem deu esse nome a ela? E como explicar a atitude de Mardoqueu de inscrevê-la no concurso para rainha da Pérsia?

O início da história mostra Xerxes colocando Vasti no olho da rua por se recusar a assumir o papel de prostituta de luxo. Mais tarde, ordenou que todas as jovens beldades da Pérsia se candidatassem a preencher a vaga de rainha.

> Quando a ordem e o decreto do rei foram proclamados, muitas moças foram trazidas à cidadela de Susã e colocadas sob os cuidados de Hegai. Ester também foi trazida ao palácio do rei e confiada a Hegai, encarregado do harém. Ela o agradou e se tornou sua protegida. [...] Ester não tinha revelado sua nacionalidade nem a origem de sua família, pois Mardoqueu a havia proibido de fazê-lo (Ester 2:8-10).

Em resumo, Mardoqueu escondeu sua origem, instruiu sua prima a fazer o mesmo, registrou-a em um concurso de beleza (já sabendo que a competição incluía uma noite na cama de um rei gentio) e pediu a ela que fizesse um show particular para o rei. Tudo isso sem revelar sua nacionalidade. E Ester obedeceu.

Mas o que está acontecendo aqui?

A exemplo dos babilônios, os persas também eram politeístas e não exigiam que povos conquistados abandonassem seus deuses. Problema nenhum, diziam eles. Continue sacrificando à sua deusa vaca, continue orando à lua e se prostrando diante de seus ídolos, mas também adore aos deuses da Pérsia.

Isso era um problema para os judeus, pois, de acordo com a Torá, havia somente um Deus. Ora, todo judeu que se preze recitava o Shemá duas vezes ao dia: "Ouça, povo de Israel! O SENHOR seu Deus é o único SENHOR. Ame o SENHOR seu Deus de todo teu coração, de toda tua alma e de toda tua força" (Deuteronômio 6:4-5, NCV). Portanto, o povo deveria adorar somente a seu Deus, Jeová, e nenhum outro. Nesse caso, como deveriam proceder na Pérsia? A pergunta do salmista é a mesma apresentada no livro de Ester: "Como cantaremos o cântico do Senhor em uma terra estrangeira?" (Salmo 137:4, NKJV). Em outras palavras, como vivenciar a fé em um mundo incrédulo?

Inicialmente, Mardoqueu e Ester optaram por disfarces e transigências. A manteiga macia de suas convicções se derreteu diante da faca aquecida do pragmatismo.

"Por que me arriscar a provocar a ira do rei?"

"Que bem fará eu dizer a verdade?"

"É possível adorar a Deus e aos deuses persas, não é mesmo?"

"É possível mudar de nome e trabalhar no palácio, não é verdade?"

"É possível manter minha identidade secreta e passar uma noite com o rei, correto?"

E assim ambos passaram a viver por meio de identidades secretas: Mardoqueu escondeu sua ancestralidade hebraica e Ester participou do concurso sem se revelar como filha de Abraão. No momento em que a narrativa nos apresenta Mardoqueu e Ester, ambos já haviam soterrado sua identidade judaica embaixo de várias camadas de transigência, o que me faz lembrar outra pergunta que gostaria de fazer no céu: além de esclarecimentos acerca de mosquitos e Ensino Fundamental, gostaria de puxar Mardoqueu para um canto e perguntar: "Escute aqui, por que você fez aquilo? Por que deixou que levassem Ester? Você sabia muito bem o que aconteceria. Ela seria empetecada por uma noite, apenas para perder a virgindade para um bárbaro. Se não fosse escolhida como rainha, passaria o resto da vida enclausurada como concubina. Você tem ideia de quantas leis da Torá transgrediu?".

Imagino que Mardoqueu me responderia de duas formas.

"Lucado, você não estava lá. Você não faz ideia de como Xerxes era um demente, um déspota instável, um cara totalmente psicótico. Ao menos daquela forma minha preciosa Ester estaria a salvo. Por isso pedi a ela que não revelasse que era judia. Eu só queria protegê-la."

Ou: "Max, você não entendeu. Era tudo parte de um plano. Eu trabalhava no palácio e fiz amizade com Hegai, chefe do harém. Fui eu que coloquei Hegai e Ester em contato. Já estava tudo combinado, mas, se Xerxes descobrisse a nacionalidade dela...".

A compulsão de esconder nossa identidade como filhos de Deus atinge a todos nós.

Por outro lado, Mardoqueu poderia muito bem me dizer: "E quem é você para me questionar? Você não é aquele cara que teve vergonha de vestir o agasalho?".

Sim, ele estaria correto em retrucar. Afinal, a compulsão de esconder nossa identidade como filhos de Deus atinge a todos nós em nossas "Pérsias" – isto é, no trabalho, na escola, na pista de boliche, na liga de beisebol. Apesar disso, em algum momento é necessário compreender quem somos e o que nossa identidade significa em nossa vida.

Enfrentamos a mesma tentação que Mardoqueu e Ester enfrentaram. Nossa sociedade tolera todas as crenças, exceto aquela que se declara exclusiva. Faça tudo que desejar, contanto que aprove tudo o que os outros fazem. O valor incontestável da cultura ocidental é a tolerância. Ironicamente, aqueles que defendem a tolerância não toleram uma religião como o cristianismo, que prega um único Salvador e uma única solução para o problema do ser humano. Crer em Jesus como único Redentor é se expor ao desprezo da Pérsia.

Em momentos assim nos deparamos com a tentação de tirar o agasalho. Contudo, a mensagem de Deus é clara: lembre-se de quem você é. "Que amor maravilhoso o Pai tem para conosco! Veja só, somos chamados filhos de Deus! Essa é nossa verdadeira identidade" (1João 3:1, A Mensagem).

Todo pai ou mãe que enviou um filho à escola, à faculdade ou a um acampamento de férias conhece o terror do momento da despedida. Nessa hora, nos desdobramos para encontrar as palavras certas. O que dizer? O que aconselhar? Embora muitas palavras venham à mente, todas têm um único objetivo: "Amo você, não se esqueça disso. E não se esqueça de quem você é. Você é meu filho!".

Você sabe quem você é? Sabe a quem pertence?

Você é a presença de Jesus neste mundo. Uma criatura eterna destinada a uma casa eterna. Magricela e com a cara cheia de espinhas? Irrelevante. Você é um cidadão do céu, um ser único em toda a criação. Você está seguro em Cristo por toda a eternidade. O Diabo não pode tocar em você. Os demônios não podem exigir sua vida. O mundo não pode possuir você. Tudo que os outros pensam a seu respeito não vale um tostão furado. Você pertence ao seu Pai celestial.

Semanas atrás recebi um lembrete inesperado de minha identidade. Minha esposa e eu tivemos a chance de visitar nossa cidade natal e rever o túmulo dos meus pais. Fazia dez anos desde nossa última visita. O jazigo deles é fácil de encontrar, pois é o único ao lado de uma árvore de carvalho. Há muitas árvores naquele cemitério, mas apenas

Você é a presença de
Jesus neste mundo.
É uma criatura
eterna destinada a
uma casa eterna.

um carvalho. Não sei explicar o gosto do meu pai por essa árvore texana que cresce em forma de um tronco retorcido cheio de nós e com galhos que se projetam para todos os lados. Por alguma razão, meu pai gostou dessa árvore a ponto de plantar um exemplar ao lado do seu jazigo. Na época, ele havia sido recém-diagnosticado com Esclerose Lateral Amiotrófica (ELA). Em seu desejo de colocar os assuntos em dia, solicitou permissão para plantar uma muda dessa árvore.

Mais tarde, me levou para vê-la. Era uma mudinha minúscula que cabia na palma de uma mão e ainda sobrava espaço. Isso, três décadas atrás. Hoje é uma árvore enorme com galhos que se estendem muito além do túmulo. Contudo, não foi o tamanho da árvore que me impressionou. Foi um desenho que meu pai gravou no tronco.

Um coração. Foi a primeira vez que percebi. Depois de esculpir o desenho, meu pai retirou a casca ao redor, de forma que a gravura acompanhasse o crescimento da árvore. No centro desse coração estavam as iniciais de cada filho. Na época em que a árvore era pequena, o coração também era pequeno; porém, à medida que a árvore crescia, a mensagem aumentava na mesma proporção. Ele nunca me falou a respeito dessa gravura. Suponho que planejou para ser uma surpresa. Meu pai sabia que precisaríamos de um lembrete do seu amor, portanto o deixou entalhado no tronco da árvore. *Você tem um lugar em meu coração.*

Seu Pai fez o mesmo por você. Não em um carvalho, mas em uma cruz. Não em um entalhe, mas por meio do sangue de Cristo. Séculos se passaram, mas o coração e a mensagem da cruz continuam crescendo.

Ao Lucado da época do Ensino Fundamental, Deus diz: "Olhe para Jesus Cristo na árvore do Calvário. Você sabe quem você é? Você é aquele que se tornou especial por meio da obra de Cristo".

Como eu, você também teve (e ainda terá) momentos de esconder seu agasalho. Em ocasiões como essas, lembre-se de quem você é.

Mais que isso, lembre-se de que a história de Mardoqueu e Ester não terminou no capítulo dois. Você está a apenas uma página de distância de uma versão "entregue-se a Jesus" do quinto século a.C. Mardoqueu e Ester se lembrarão de sua identidade, voltarão a vestir o agasalho que esconderam e aceitarão o convite de Deus para participar de sua obra. E Deus, sempre alegre e disposto a dar uma segunda chance a seus filhos, os colocará para trabalhar imediatamente.

Gostaria de ter agido como eles, mas não agi. Na verdade, quase morri congelado naquele dia enquanto aguardava, de camiseta, ao lado do campo. Algumas vezes Deus nos deixa tateando à procura da primavera – não por escolha dele, mas em razão da nossa estupidez.

Não é hora de você também parar de morrer de frio e vestir seu agasalho?

# SEGUNDO ATO

# CRISE:

*CORAGEM EM UMA TERRA HOSTIL*

Mardoqueu começou o dia sem nenhum compromisso em sua agenda. Lavou o rosto, comeu alguns figos e romãs para o café da manhã, escolheu um manto dentre muitos que adquiriu ao longo dos anos e saiu de casa para uma breve caminhada até o portão da cidade.

O dia estava quente; as ruas, repletas de comerciantes atarefados, cachorros latindo e crianças brincando. Mardoqueu afagou um jumento, apanhou um punhado de nozes em uma cesta e atirou uma moeda ao vendedor. Ao longo do caminho, saudou colegas de trabalho e cumprimentou dignitários. Todo dia era a mesma coisa: gente querendo audiência com Xerxes em busca de benefícios, dinheiro, favores ou acordos. A função de Mardoqueu e outros era garantir que todos fossem bem recebidos e devidamente triados.

À medida que se aproximava do portão, ouviu alguém pronunciar seu nome.

Era Hegai, chefe do harém.

— Acordou cedo hoje, meu amigo — respondeu Mardoqueu. — Por acaso tem alguém distribuindo comida de graça?

Mardoqueu esperava ver um sorriso, mas não recebeu nenhum. Em vez disso, ouviu um aviso esbaforido de Hegai.

— Ele deve aparecer a qualquer momento. Não deixe que veja você.

Mardoqueu fitou Hegai e acenou com a cabeça. Era necessário evitar Hamã a todo custo. A cidadela estava em polvorosa desde que Xerxes o nomeou vice-rei. Hamã rosnava para todos enquanto gritava ordens e exigia obediência. O rei ordenou que todos se curvassem na presença de Hamã, mas Mardoqueu e Hegai sabiam que essa ordem não foi ideia de Xerxes.

Os dois se apressaram a buscar algum lugar para se esconder. Até então haviam conseguido se esquivar do jagunço e de seus capangas, mas não dessa vez.

— Preparem o caminho para o amigo do rei — proclamou um soldado. — Todos devem parar e prestar homenagem!

Hegai deixou escapar uma imprecação, e emendou:

— Estamos ficando velhos. Na próxima vez, teremos que correr mais rápido.

Em seguida, ajoelhou-se e inclinou a cabeça para sussurrar alguma coisa a seu amigo, porém Mardoqueu ainda estava em pé. Assustado, Hegai olhou para o portão. As portas estavam abertas e já era possível ver cavalos e soldados se aproximando. Em questão de segundos Hamã surgiria em meio à comitiva. E Mardoqueu estava em pé.

— Mardoqueu! — sussurrou Hegai. — Ajoelhe-se, homem!

Mardoqueu o ignorou. Em seus olhos transpareciam raiva e determinação. A visão de Hamã despertou uma fúria suprimida.

— Você! — gritou um soldado. — Ajoelhe-se perante o amigo do rei!

Mardoqueu não se mexeu. Hamã parou diante dele. Ambos se encararam.

*Capítulo 4*

# ELE NÃO SE CURVOU

Em fevereiro de 2015, o grupo terrorista ISIS decapitou 21 cristãos em uma praia na Líbia. Em um vídeo, gravado momentos antes da execução, é possível vê-los clamando a Jesus e orando. A maioria deles era de imigrantes egípcios que trabalhavam para sustentar a família.

O objetivo dos terroristas era chocar e aterrorizar o mundo. Apesar disso, a reação das famílias desses cristãos comunicou uma mensagem muito diferente. A mãe de uma das vítimas (um rapaz de 25 anos) disse: "Estou orgulhosa do meu filho. Ele não abandonou a fé nem no último instante de vida. Sou grata a Deus [...], que está cuidando dele".[1]

Um padre se dirigiu à sua congregação (frequentada por 13 das vítimas) da seguinte forma: "Todos os membros vieram à igreja orar pelo retorno deles, mas, à medida que o tempo passava, começaram a orar para que, caso morressem, fosse em defesa da fé. E foi o que aconteceu. Em verdade, a congregação está crescendo, psicologicamente e espiritualmente".[2]

Eles poderiam ter escapado da morte. Bastaria reconhecerem Alá para que o facão fosse retirado do pescoço e se salvassem.

O que você teria feito?

Não se trata de mera questão acadêmica. Talvez você jamais venha a enfrentar terroristas armados, mas que dizer de críticos e acusadores? Parentes que tiram sarro de sua fé? Professores que fazem piadas com sua crença? Colegas que falam mal das suas convicções? Você não se sente sozinho nessas ocasiões?

Mardoqueu se sentiu.

Quase cinco anos haviam se passado desde que Ester foi escolhida rainha (Ester 2:16-17 e 3:7). Nesse ínterim, Ester e Mardoqueu viveram muito bem: ela, em grande luxo; ele, em um cargo de autoridade; ambos escondendo sua origem judaica. Para todos os efeitos, eram persas da gema. Tudo corria bem até Mardoqueu tomar conhecimento de uma tramoia.

> Naqueles dias, quando Mardoqueu se assentava junto à porta do rei, dois eunucos do rei, Bigtã e Teres, se enfureceram e planejaram matar o rei Assuero. Isso chegou ao conhecimento de Mardoqueu, que contou à rainha Ester, e Ester informou ao rei em nome de Mardoqueu. E depois de investigar o assunto, verificou-se que era verdade, e ambos foram pendurados na forca. E isso foi escrito no livro das crônicas na presença do rei (Ester 2:21-23, NKJV).

Dois eunucos, em uma versão persa de John Wilkes Booth e Lee Harvey Oswald,[3] tentaram assassinar o rei Xerxes, porém foram traídos pela própria matraca. Mardoqueu ficou sabendo do plano e o relatou a Ester. Ao final, ambos os eunucos foram enforcados.

E a coisa toda ficou por isso mesmo. Nada mais se falou sobre o assunto. Mardoqueu não recebeu nenhuma condecoração pública, nenhuma explicação, nada. Fosse eu, meus editores ficariam furiosos: "Por que você mencionou essa história?", "Quem são esses caras?", "O que aconteceu depois?".

Uma possível resposta se encontra no primeiro versículo do capítulo três: "Depois desses acontecimentos, o rei Xerxes honrou a Hamã, filho de Hamedata, o agagita, promovendo-o e concedendo-lhe uma posição mais elevada que a de todos os demais nobres" (Ester 3:1).

Mais um golpe contra Xerxes. Depois da desobediência de sua primeira esposa, agora seus súbitos conspiravam para matá-lo. Embora se achasse dono do maior império do mundo, corria perigo dentro de sua própria casa. Era necessária uma resposta enérgica! A reação de Xerxes foi nomear como seu vizir um sujeito durão, bem ao estilo atire-primeiro-faça-perguntas-depois. E quem escolheu para isso? "Hamã, filho de Hamedata, o agagita".

Veja bem, estamos falando de Hamã, filho de *Hamedata, o agagita*. Ora, os agagitas eram descendentes de Agague, rei dos amalequitas, os mais antigos inimigos dos hebreus. Os filhos de Israel mal haviam saído da escravidão do Egito quando "Amaleque veio lutar contra Israel em Refidim" (Êxodo 17:8, NKJV).

Por que uma tribo guerreira atacaria um bando de escravos? Moisés e seu povo não tinham terras, não controlavam nenhum território e não haviam feito nada para enfurecer os amalequitas. Nesse caso, por que foram atacados? E ainda por cima com tamanha crueldade?

Moisés recordou a barbárie dos amalequitas quando pediu aos israelitas que se lembrassem "do que os amalequitas fizeram a vocês no caminho na época em que saíram do Egito. Quando vocês estavam cansados e exaustos, eles encontraram vocês no caminho e atacaram todos que ficaram para trás; não temeram a Deus [...] vocês riscarão o nome de Amaleque de debaixo do céu. Não se esqueçam!" (Deuteronômio 25:17-19).

Os amalequitas gostavam de atacar os mais fracos, isto é, velhos, doentes, viúvas e deficientes. Não tinham coragem de guerrear de igual para igual. Moisés entendeu claramente a função desse povo maligno: instrumento de Satanás. Ora, Lúcifer odiava os judeus. Conhecia o plano de Deus para redimir o mundo por meio de Jesus e se dispôs a destruir a árvore genealógica antes que pudesse dar fruto. Depois de derrotar os amalequitas no deserto, Deus prometeu "'apagar totalmente a memória de Amaleque de debaixo do céu'. E Moisés [...] disse:

'Porque o SENHOR jurou: o SENHOR fará guerra contra Amaleque de geração em geração'" (Êxodo 17:14-16).

Mais tarde, Deus mandou Saul destruir todos os amalequitas, incluindo seus rebanhos, porém Saul poupou o rei e guardou para si as melhores ovelhas. Esse rei que Saul poupou se chamava Agague. Hamã, portanto, era descendente desse antigo povo antissemita. Em suas veias corria um grande ódio contra os hebreus.

Em contrapartida, Mardoqueu era descendente de Saul, da tribo de Benjamim (Ester 2:5). A recusa de Saul em obedecer a Deus e destruir Agague era uma vergonha perpétua no legado dos benjamitas.

Como se vê, o encontro de Hamã e Mardoqueu em Susã foi mais que dois homens se encarando. Foi uma colisão de dez séculos de ódio e tendenciosidade.

Hamã e seu ódio apresentam uma cena dramática quando se deparam com Mardoqueu junto ao portão. "Todos os oficiais do rei se curvavam e prestaram homenagem a Hamã, pois o rei havia decretado essa ordem a respeito de Hamã. Entretanto, Mardoqueu não se curvava nem lhe prestava homenagem" (Ester 3:2).

Alguém deveria capturar esse momento em uma pintura: um enorme portão ao fundo, um Hamã orgulhoso com sua comitiva de servos, vários oficiais persas ajoelhados com o rosto em terra, e no meio de tudo isso um homem em pé, Mardoqueu, ereto como um mastro de navio.

A partir daí, Mardoqueu se recusou a se curvar.

Dia após dia resistiu; embora seus colegas de palácio o questionassem o tempo todo, ele "não lhes dava ouvidos". Até que um dia lhes deu uma explicação: disse "que era judeu" (Ester 3:4, NKJV).

Enfim, a verdade. Chega de máscaras e camuflagens. Mardoqueu havia passado a vida escondendo sua nacionalidade e ensinado Ester a fazer o mesmo. Ambos haviam assimilado bem a vida persa (tom de voz, aparência, linguagem e comportamento), a ponto de Ester se tornar esposa do rei e Mardoqueu trabalhar no palácio, sem que ninguém percebesse que eram descendentes de Abraão. Entretanto, bastou uma troca de olhar com Hamã para mudar tudo. Mardoqueu jamais se curvaria perante um inimigo do povo de Deus.

O sangue de Hamã entrou em ebulição. Coloque a passagem de Ester 3:5-6 embaixo do nariz, dê uma boa inalada e veja se consegue sentir o fedor de Satanás.

Ao perceber que Mardoqueu não se curvaria nem prestaria homenagem, Hamã se enfureceu. Depois de saber a que povo Mardoqueu pertencia, decidiu que matá-lo não era suficiente, e se pôs a bolar uma forma de destruir todo o seu povo, os judeus, por todo o império de Xerxes.

Não bastava fazer da vida de Mardoqueu um inferno. Não bastava matar esse judeu inflexível. Para Hamã, era necessário aniquilar, varrer da face da terra todo o povo escolhido de Deus.

Preconceito puro e simples. Hamã se sentia superior a todo um grupo de seres humanos simplesmente por uma questão de nacionalidade. Como se tivesse o direito de brincar de Deus, lançou o *pur* (uma espécie de dado antigo para tirar a sorte), a fim de determinar o dia da execução, que ocorreria em um prazo de 11 meses. Feito isso, dirigiu-se ao rei e disse:

> Existe certo povo disperso entre a população em todas as províncias de teu império que não se mistura com os outros. Eles têm costumes diferentes dos outros povos e não obedecem às leis do rei; não convém ao rei tolerá-los. Se agradar ao rei, que seja decretada a destruição deles e doarei 10 mil talentos de prata aos administradores do rei para que sejam depositados no tesouro real (Ester 3:8-9).

Hamã estava disposto a pagar vinte milhões de dólares[4] para ter o direito de exterminar os judeus.[5] A essa altura, já sabemos que Hamã era diabólico até os ossos e que Xerxes era um banana. Apesar disso, nada poderia nos preparar para a indiferença com que autorizou essa limpeza étnica.

> O rei concordou [...] dizendo: 'Fique com o dinheiro, mas prossiga e faça como bem quiser com essa gente, o que você achar melhor'. Duas ou três semanas mais tarde, Hamã chamou os secretários do rei e ditou cartas para serem enviadas aos governadores e oficiais por todo o império, para cada província em sua própria língua e dialeto; essas cartas foram assinadas em nome do rei Assuero e carimbadas com seu anel. [...] A ordem foi enviada pelos mensageiros mais rápidos do rei [...]. Em seguida, o rei e Hamã se sentaram para beber à vontade enquanto a cidade caía em confusão e pânico (Ester 3:10-12,15, TLB).

O rei e seu braço direito demonstraram desrespeito pela vida humana e desdém pelo povo judeu, decretando um banho de sangue e, em seguida, sentando-se para desfrutar alguns drinques.

Observe que o decreto não chocou somente os judeus: a cidade inteira ficou com os nervos à flor da pele. Ora, e se Hamã se voltasse contra eles também? Que fazer se algum dia ele pegasse birra de comerciantes, fazendeiros e outros, simplesmente porque eram canhotos? Quando o delegado é um covardão e seu assistente é um déspota, tudo pode acontecer.

Hamã enviou mensageiros a todas as províncias, com uma ordem e uma proposta: matem todos os judeus e fiquem com a riqueza deles. A data estipulada por meio da sorte ocorreria dali a 11 meses. "Que vivam em agonia até lá", deve ter pensado Hamã. Todavia, mal sabia ele que "as pessoas tiram a sorte para tomar uma decisão, mas a resposta vem do SENHOR" (Provérbios 16:33, NCV).

Não foi a sorte que determinou a data. Foi Deus. Embora a narrativa não mencione o nome de Deus, revela sua vontade: foi Deus que determinou os 11 meses para que seu plano se desenvolvesse satisfatoriamente, foi Deus que chamou a atenção de Mardoqueu para sua nacionalidade e sua identidade, e foi Deus que o inspirou a se posicionar em defesa da justiça.

Deus dará a você coragem para agir da mesma forma.

Se me permite um momento, gostaria de falar honestamente com você. Sei que está cansado, ferido e preocupado. Cansado da luta, machucado pelo combate e preocupado com a possibilidade de esse inverno jamais passar. A exemplo de Mardoqueu e Ester, você se sente longe de casa, como se alguém tivesse cortado a corda que prendia você ao porto e empurrado seu barco à deriva. Não há dúvida de que algumas vezes a Pérsia parece um lugar assustador. Contudo, a Pérsia também pode nos induzir a más decisões. Portanto, a fim de evitar que a situação piore ainda mais, peço encarecidamente que não se curve perante Hamã.

Viver por meio da fé em um mundo incrédulo exige coragem e disposição para resistir. A probabilidade de você ser forçado a se curvar diante um tirano persa é baixa. Também é pouco provável que seja perseguido pelo ISIS. Em contrapartida, há grande chance de você ser tentado a transigir sua fé ou se calar diante da injustiça e da maldade. Você ainda vai se deparar com muitas circunstâncias parecidas com as de Mardoqueu.

- Alguns dias antes da Páscoa, seu professor de faculdade, famoso por tirar sarro de cristãos, se põe a discursar bombasticamente a respeito da idiotice da fé cristã. "Ninguém aqui acredita que Jesus ressuscitou de verdade, certo? Quem acredita levanta a mão." Como você reagiria?
- Você está há um mês longe de casa. Sua temporada em outro país tem sido boa para sua carreira, porém tem atrapalhado seu casamento. Você percebe uma tensão nas conversas por telefone com seu marido. Ele parece desinteressado. De repente bate um sentimento de solidão. Um colega de trabalho charmoso e gentil chama sua atenção e se insinua para você, sem meias-palavras, em uma mensagem de texto: "Topa um encontro hoje à noite?". O que você responderá?

- Você está em um jogo de boliche com amigos e um deles conta uma piada racista e insensível; todos começam a gargalhar. Você nunca havia observado esse lado racista deles. Vai rir com a turma?
- Você é um vendedor recém-contratado para uma equipe de vendas. Está muito difícil encontrar um emprego, portanto você não pode se dar ao luxo de errar. Os membros da equipe convidam você para um jantar. Em meio à conversa, você ouve a respeito de um esquema que eles usam para fraudar a empresa. "Eles não pegam a gente", explica um deles, "porque agimos todos de comum acordo. Você também vai participar do esquema, não vai?". Agora estão todos olhando para você e aguardando sua resposta. O que você dirá?

Situações "à la Mardoqueu": ocasiões em que revelamos nossa verdadeira lealdade. Todos estão curvados, mas e você?

Mardoqueu tinha algumas opções. Poderia ter se justificado em pensamento: "Estou curvado por fora, mas em pé por dentro". Poderia ter se curvado com o objetivo de alcançar um cargo mais alto. Poderia também ter agido exatamente como fez: assumiu um posicionamento.

Gostaria de recomendar a você que aja da mesma forma.

*Resistir faz toda a diferença.*

Muito depois de uma transigência ser esquecida, um ato de coragem continua a ser lembrado. Considere a famosa fotografia do homem que se recusou a saudar Hitler. Ninguém se dispôs a registrar a coragem de Mardoqueu em uma pintura. Todavia, em uma fotografia em preto e branco datada de 1936, vemos August Landmesser em pé, de braços cruzados, em meio a uma multidão de nazistas aglomerados em Hamburg, na Alemanha. Hitler havia comparecido para batizar um navio militar. Enquanto isso, centenas de pessoas o saudavam com os braços estendidos e aos gritos de *sieg heil*. Exceto Landmesser, trabalhador alemão de 26 anos que se recusou a saudá-lo.

Viver por meio da

fé em um mundo

incrédulo exige

coragem e disposição

para resistir.

Landmesser nem sempre foi rebelde. Ele era filiado ao partido nazista e participou da organização por dois anos, sem nenhum sinal de deslealdade. Até se apaixonar por Irma Eckler, em 1933. Todavia, a história de amor deles tinha um grande obstáculo: Eckler era judia. Consequentemente, o partido cancelou a filiação de Landmesser e lhe negou autorização para se casar.

O casal teve um filho no final de 1935. Na ocasião em que a foto foi registrada, em 1936, o antissemitismo de Hitler era amplamente conhecido. Não é de admirar que Landmesser se recusasse a fazer a saudação. Ele havia se apaixonado por uma judia com quem não estava autorizado a se casar e era pai de uma menina meio judia.

Ambos tentaram se mudar para a Dinamarca em 1937, porém Landmesser foi detido na fronteira, por "envergonhar a raça". Recebeu ordens de abandonar Eckler, mas se recusou a obedecer. Acabaram presos em 1938: ele, enviado a um campo de concentração; ela, à prisão, onde deu à luz a segunda filha do casal.

Jamais voltaram a se ver. Eckler faleceu em 1942. Landmesser foi convocado para servir ao exército em 1944, porém foi dado como desaparecido pouco depois.[6]

Valeu a pena? O simples fato de relembrarmos a história dele traz uma resposta parcial: ninguém encontra coragem diante de uma multidão aplaudente. Em contrapartida, quem não encontra inspiração em uma pessoa fiel aos seus princípios?

Landmesser cruzou os braços.

Imigrantes egípcios não abandonaram sua fé cristã.

Mardoqueu se recusou a se curvar.

E você?

A recusa de Mardoqueu em se curvar foi o primeiro passo de uma sequência de atitudes corajosas que culminaram na salvação de seu povo.

Caro leitor, sua coragem pode ser o gesto decisivo que trará mudanças.

*Decida agora mesmo o que você fará quando chegar o momento de agir.*

Não espere para decidir na emoção do momento. É difícil bolar um plano de ação no meio de uma crise. É difícil refletir acerca da moralidade abraçado à amante em um quarto de motel. É difícil decidir parar de colar nas provas bem no dia do exame final. Ora, não é sem razão que os comissários de bordo indicam as saídas de emergência antes de o avião decolar: ninguém raciocina com clareza no momento em que a aeronave está caindo. A decisão de resistir à tentação tem de ser tomada antes de nos depararmos com ela.

Mais que se recusar a se curvar, Mardoqueu decidiu que jamais se curvaria. No texto original, o tempo verbal do versículo não está no passado, mas no futuro do pretérito, indicando a determinação de Mardoqueu de jamais mudar de ideia, independentemente da reação de Hamã.[7] Outras pessoas que agiram de modo semelhante foram Jó ("Fiz aliança com meus olhos para não olhar nenhuma jovem com lascívia", Jó 31:1) e Daniel ("resolveu em seu coração que não se contaminaria", Daniel 1:8, NKJV).

Decida agora mesmo o que fará quando chegar a hora. E lembre-se: *Lute por Deus e ele lutará ao seu lado.*

Um século e meio antes de Mardoqueu, outros três hebreus haviam se recusado a se curvar. Nabucodonosor, rei da Babilônia, havia ordenado ao povo que se curvasse diante de uma imagem de ouro de 27 metros de altura por 2,7 metros de largura (Daniel 3:1).

> Então o arauto proclamou em alta voz: "Nações e povos de todas as línguas, isto é o que devem fazer: quando ouvirem o som da trombeta, da flauta, da cítara, da lira, da harpa, da gaita e de todo tipo de música, prostrem-se e adorem a imagem de ouro que o rei Nabucodonosor ergueu. Quem não se prostrar e não adorar a imagem será imediatamente atirado em uma fornalha ardente" (Daniel 3:4-6).

Eis aí uma estratégia interessante para aumentar o número de membros na igreja: venha para o culto, senão queimaremos você como churrasco na brasa. Todos obedeceram, exceto três judeus. Nabucodonosor recebeu o seguinte relatório:

> "Mas há alguns judeus que nomeaste para administrar a província da Babilônia: Sadraque, Mesaque e Abede-Nego, os quais não obedecem vossa majestade. Não prestam culto aos teus deuses nem adoram a imagem de ouro que mandaste erguer". Enfurecido de raiva, Nabucodonosor mandou chamar Sadraque, Mesaque e Abede-Nego. [...] "se vocês se dispuserem a se prostrar e a adorar a imagem que fiz, muito bem. Mas se não a adorarem, serão imediatamente atirados em uma fornalha ardente. E que deus será capaz de livrá-los de minhas mãos?" Sadraque, Mesaque e Abede-Nego responderam: "Rei Nabucodonosor, a respeito disso não precisamos nos defender diante de ti" (Daniel 3:12-13,15-16).

Situação comum no exílio. Independentemente de quanta sabedoria, diplomacia e humildade você tem, de como exprime suas convicções e de quantas vezes tenha se recusado a entrar em brigas, algum dia sua fé será provada. Em algum momento pedirão a você que cometa alguma injustiça.

Sadraque, Mesaque e Abede-Nego não estremeceram.

Nabucodonosor se enfureceu e ordenou que a fornalha fosse acesa a uma temperatura sete vezes maior que o normal, a ponto de a intensidade da irradiação matar os soldados que atiraram os hebreus no fogo. Nabucodonosor, em seu mórbido fascínio, se posicionou para observar melhor a fritura, mas se deparou com uma situação totalmente diferente.

> O rei Nabucodonosor se levantou maravilhado e perguntou aos seus conselheiros: "Não foram três homens amarrados que atiramos no fogo?"

> Eles responderam: "Sim, majestade".
>
> O rei exclamou: "Olhem! Vejo quatro homens desamarrados e ilesos andando em meio ao fogo, e o quarto parece um filho dos deuses" (Daniel 3:24-25).

Além de três homens intocados pelas chamas, havia um quarto com aparência de um deus! Seria o Filho de Deus? Sem dúvida parecia ser Jesus, defendendo aqueles que lutavam por ele.

O trio hebraico saiu da fornalha com um impacto maior do que quando entrou. Antes de atirá-los à fornalha, Nabucodonosor não tinha nenhum interesse na fé desses hebreus. Contudo, ao perceber que "o fogo não tinha machucado o corpo deles, não havia um único fio do cabelo chamuscado, seus mantos não estavam queimados e não havia cheiro de fogo neles, disse então Nabucodonosor: 'Louvado seja o Deus de Sadraque, Mesaque e Abede-Nego, que enviou o seu anjo e livrou seus servos!'" (Daniel 3:27-28).

O tiro do diabo saiu pela culatra. Foi assim no passado e tem sido assim até hoje.

Voltemos à história daqueles mártires na Líbia em 2015. Há evidências de que um deles não era cristão nem egípcio (ao contrário dos demais), mas um cidadão de Gana que entregou sua vida a Cristo quando percebeu a fé de seus companheiros. Chegado o momento decisivo, isto é, de renunciar ao cristianismo e viver ou de defender o evangelho e morrer, esse homem disse: "O Deus deles é o meu Deus".[8]

A coragem é contagiosa.

A coragem é contagiosa. Oro para que sua coragem, digníssimo leitor, inspire coragem em outras pessoas.

*Capítulo 5*

# O SOCORRO ESTÁ A CAMINHO

Em se tratando de relatos de resgate, minha história é uma das mais simplinhas. Jamais serei entrevistado pela imprensa, jamais publicarão minha história na *National Geographic* ou na *Revista Seleções*, tampouco a transformarão em filme. Na enciclopédia de operações de resgate, nem sequer merece uma nota de rodapé. Apesar de não interessar a mais ninguém, foi importantíssima para três jovens, salvos de morrerem congelados.

Éramos universitários fazendo um bico em um campo de petróleo a fim de juntar uma grana extra durante as férias de Natal. Era um dia gelado de dezembro e ventava muito. Dentro da hierarquia da indústria de petróleo, calouros de faculdade estão pouco acima de uma poça de óleo. Nenhum capataz se impressionava com universitários almofadinhas que apareciam para fazer bicos uma ou duas semanas por ano e mal sabiam distinguir uma pá de uma vassoura. Consequentemente, nos passavam só aqueles trabalhos sujos que ninguém mais queria fazer.

Naquele dia, o serviço sujo envolvia cavar uma vala em algum ponto situado quase quarenta quilômetros do indício mais próximo de civilização. O capataz nos levou de carro, nos largou no local e partiu com a promessa de retornar às 17h. Estávamos em uma campina achatada como panqueca e expostos a um vento geladíssimo. Puxamos o gorro até as orelhas, levantamos a gola da jaqueta e começamos a cavar. Quando bateu o horário de encerrar o expediente, estávamos congelados, exaustos e cansados de passar frio.

Atiramos as pás no chão e ficamos a observar a estrada por onde viemos. Nosso maior desejo naquele momento era nos aquecer no carro que nos levaria para casa. Nenhum sinal da picape. Aguardamos meia hora. Nada. O Sol se pôs e o frio caiu para a casa de um dígito. Naquela época, não tínhamos celular nem GPS. Minha vida de universitário era pouca coisa melhor que a Idade da Pedra. Estávamos em apuros (conforme soubemos mais tarde, a pessoa encarregada de nos buscar se esqueceu de fazer isso).

O pôr do Sol deu lugar ao anoitecer. Estrelas começaram a despontar, coiotes começaram a uivar, mãos começaram a entorpecer. Ao redor do rosto já era possível sentir pequenas formações de gelo. A situação era desesperadora.

Você alguma vez se sentiu dessa forma? Foi assim que Mardoqueu se sentiu.

A essa altura da história, Hamã havia persuadido Xerxes (sem nenhuma dificuldade, diga-se) a destruir todos os judeus. Lançaram a sorte, marcaram a data da execução e enviaram decretos a todos os cantos da Pérsia. No momento em que Mardoqueu soube do holocausto iminente, seu disfarce caiu por terra.

> Quando Mardoqueu soube de tudo o que tinha acontecido, rasgou suas roupas, vestiu-se de pano de saco e cinzas e saiu pela cidade chorando em voz alta e grande amargura. Mas foi somente até a porta do palácio real, pois ninguém vestido de pano de saco tinha permissão para entrar (Ester 4:1-2).

A notícia do extermínio causou enorme angústia em Mardoqueu, que jogou fuligem sobre o rosto, vestiu um traje rudimentar (reservado para uso em cortejos fúnebres) e saiu a esmo pelas ruas de Susã, chorando, gritando e batendo no peito. Dignitários e comerciantes paravam e se viraram para contemplar o espetáculo. Lembre-se de que Mardoqueu era pai da rainha e funcionário de alto escalão do governo. Apesar disso, rompeu com todo o decoro.

Ester recebeu notícias do comportamento de Mardoqueu e ficou horrorizada, a ponto de despachar-lhe uma muda de roupas e uma advertência para que cessasse o chilique, pois estava colocando em perigo o plano. Afinal, os dois haviam conquistado o favor do rei e o respeito da cidadela. Ao que parece, Ester não sabia do decreto, um indício de como vivia isolada da vida pública.

Houve uma intensa troca de mensagens entre os dois. Mardoqueu enviou a Ester uma cópia do decreto e implorou que intercedesse perante seu marido, o rei.

Ester chamou a atenção de Mardoqueu para o fato de que a rainha não estava autorizada a entrar na sala do trono quando bem desejasse. Caso aparecesse sem ser convidada, o rei poderia pedir a cabeça dela.

> Todos os oficiais do rei e o povo das províncias do império sabem que qualquer homem ou mulher que se aproxime do rei no pátio interno sem ser convidado está sujeito a uma única lei: a morte, exceto se o rei estender o cetro de ouro e poupar a vida dessa pessoa. Contudo, já se passaram trinta dias desde que fui chamada à presença do rei (Ester 4:11).

Imagino Ester contando nos dedos as razões para permanecer calada.

É contra a lei.

*Já faz trinta dias que ele não me chama.*

*Sem dúvida o rei deve estar de mau humor.*

*Ele provavelmente vai me matar. Lembra-se do que aconteceu com Vasti?*

Mardoqueu refletiu acerca das preocupações dela e enviou uma resposta.

Antes de lermos as palavras dele, gostaria de apresentar um prelúdio. A resposta de Mardoqueu traz uma das observações mais profundas de toda a Bíblia. O que ele disse em dois versículos merece dois compêndios de estudo. O judeu Mardoqueu se transformou em Mardoqueu, o teólogo. Sua mensagem revela o coração de alguém que teve um encontro com o Deus santo. Temos aqui a mais magnífica convocação à coragem declarada por um ser humano.

Espero ter despertado sua curiosidade. Leia a passagem e veja se concorda comigo.

> Não pense que por viver no palácio do rei somente você escapará dentre todos os judeus, pois se você permanecer calada nesse momento, socorro e livramento para os judeus virão de outro lugar, porém você e a família de seu pai morrerão. E quem sabe não foi para um momento como este que você chegou à posição de rainha? (Ester 4:13-14).

Como sobreviver aos ventos gelados da vida? Anúncios de enxugamento na empresa, falta de vacina no ápice da pandemia, brigas e críticas por todo lado, conta bancária negativa, casamento sem alegria, berço vazio, perda de um ente querido, a cama de casal agora com apenas um ocupante... E, em meio a tudo isso, você e suas lágrimas que não param de verter.

Quando as circunstâncias fazem você se sentir desesperado e sozinho em meio à vala gelada da vida, porventura não vale a pena recordar as palavras de Mardoqueu? A declaração dele traz duas observações indigestas.

*Ninguém tem passe livre nesta vida.* Tampouco a rainha da Pérsia.

"Não pense que por viver no palácio do rei somente você escapará dentre todos os judeus", isto é, não pense nem por um segundo que escapará ilesa do genocídio, Ester. A proteção de Deus aos judeus não é garantia de que você e o bom nome de sua família sobreviverão. Seu legado será sacrificado no altar da apatia. Talvez você consiga se esquivar do primeiro projétil, mas ainda restam cinco balas no tambor. A dificuldade bate à porta de todos.

"Poxa, Lucado... Você chama isso de encorajamento? E eu pensando que suas palavras trariam um pouco de esperança para me ajudar a enfrentar esse momento difícil que vivemos..."

Talvez você não precise desse lembrete, mas outros precisam. Muitos têm sido induzidos a acreditar que a vida cristã é uma jornada tranquila e feliz, como em um conto de fadas: basta vestir um sapatinho vermelho e dar três batidinhas com os calcanhares para escapar são e salvo de uma enrascada. Consequentemente, quando surgem os problemas, tais pessoas são forçadas a encarar não apenas as encrencas, mas também questões difíceis a respeito de um Deus que não cumpre suas promessas. "Ei, mas eu nunca fiz esse tipo de promessa", Deus nos diz.

De fato, Deus declarou que "neste mundo vocês terão aflições" (João 16:33). Algumas vezes você se sentirá como se tivesse recebido uma "sentença de morte" (2Coríntios 1:9, ESV). Outras vezes terá de atravessar águas, rios e até fogo (Isaías 43:2).

A vida está repleta de problemas, e não ganhamos nada em fingir que eles não existem. Ninguém tem passe livre. Apesar disso, de uma forma ou outra *socorro e livramento virão.*

O socorro veio para mim naquela noite em uma planície texana. Mal havíamos decidido retornar a pé quando avistamos algo maravilhoso: uma luz de farol, inicialmente fraquinha e balançando para cima e para baixo, como quem corre segurando uma lanterna; porém, ela mudou toda a situação. Ainda estávamos gelados e exaustos, a picape ainda estava distante e a noite ainda estava escura. Contudo, a visão daqueles faróis nos trouxe esperança.

Mardoqueu viu algo parecido. Uma luz cintilante surgiu em seu horizonte. No início do capítulo quatro, vemos que ele está se arrastando em lamúrias pelas ruas da cidade à espera da destruição; ao tomar conhecimento do decreto para exterminar os judeus, "rasgou suas roupas, vestiu-se de pano de saco e cinzas e saiu pela cidade chorando em voz alta e grande amargura" (Ester 4:1). Que imagem triste: roupas rasgadas, garganta doida, pele exposta. Rasgar as roupas era uma forma de exprimir o que estava acontecendo no íntimo. Mardoqueu estava despedaçado por dentro, sem dúvida em grande desespero. Treze versículos adiante, porém, aparece recuperado e dizendo a Ester: "socorro e livramento surgirão para os judeus" (Ester 4:14, NKJV).

O que aconteceu com ele? Como saiu do desespero para a ousadia? Em minha opinião, Deus despertou nele uma fé suprimida. Embalado no colo de sua mãe, Mardoqueu deve ter ouvido a respeito de Moisés e 1 milhão de hebreus presos entre um mar agitado e um faraó enfurecido, de um garoto pastor de ovelhas que encarou um gigante chamado Golias, e de Daniel encarando leões famintos que rosnavam com a boca e com o estômago. Até que Deus falou e o mar se abriu, Davi venceu e os leões se calaram.

Finalmente caiu a ficha para Mardoqueu: o Deus de Abraão, Isaque e Jacó estava vivo e forte, e jamais havia perdido uma batalha. Os judeus viviam longe de Jerusalém, mas não longe de Deus. Mardoqueu pode ter negligenciado seu papel de tutor da aliança, porém Deus não se esqueceu de seu próprio papel de protetor da aliança. O Senhor ainda amava seu povo, esse remanescente arrebatado de Sião e que agora vivia exilado na Pérsia. Os judeus não tinham rei, exército, templo, sacerdócio e sacrifícios, mas isso não importava, pois ainda tinham Jeová, que nenhuma vez se viu intimidado, destruído, confuso ou estonteado. Deus está para os problemas como um furacão está para um mosquito. Não há comparação. Foi exatamente isso que Mardoqueu compreendeu.

Você também compreende? Sabe como terminam as passagens que citei mais acima?

> Neste mundo vocês terão aflições. Contudo, tenham ânimo! Eu venci o mundo (João 16:33).

De fato, nos sentíamos debaixo de sentença de morte. Todavia, era para que não confiássemos em nós mesmos, mas em Deus, que ressuscita os mortos (2Coríntios 1:9).

Sim, a jornada inclui aguaceiros, rios e fogo, porém:

Quando você passar pelas águas, eu estarei contigo; quando passar pelos rios, não te submergirão; e quando passar pelo fogo, não te queimará nem a chama te consumirá (Isaías 43:2, ESV).

Você enxerga o Senhor como um Deus que traz socorro e grande livramento? Não é uma questão de pouca importância. Na verdade, é *a* questão. A maioria não enxerga nenhuma solução. Para essas pessoas, a vida se resume a uma tragédia shakespeariana. "O mundo é lindo, porém está quebrado, sem nenhuma possibilidade de conserto. Não há mais o que fazer. Resta-nos apenas aproveitar o máximo possível e, por fim, morrer". É dessa forma que muitos encaram a vida. Não é de admirar que estejamos atravessando um momento marcado por desespero e suicídio.

Em contrapartida, Deus nos oferece uma história repleta de campinas douradas. Embora a história dele comece de um modo semelhante à anterior, traz um final muito melhor.

Sim, vivemos em um mundo bonito e quebrado. Contudo, foi nosso Criador que formou este mundo, e ele não o criou, nem aos seres humanos, para acabar em ruína. Antes, nos destinou para uma vida magnífica. As intenções dele a nosso respeito são as melhores possíveis. Ele se importa conosco a ponto de se tornar um de nós, assumir nossa humanidade e morrer. A morte dele nos trouxe vida. Vida eterna. Ele ressuscitou e hoje está recriando o mundo e nos convidando para participar. Algum dia ele restaurará o mundo à beleza planejada e reunirá todos os que lhe pertencem. A partir daí, viveremos com ele para sempre.

*Socorro está a caminho*, disse Mardoqueu a Ester, e acrescentou: "E quem sabe não foi para um momento como este que você chegou à posição de rainha?" (Ester 4:14).

Ester devolveu uma resposta significativa.

> Vá, reúna todos os judeus de Susã e jejuem em meu favor. Não comam nem bebam por três dias e três noites. Eu e meus servos jejuaremos da mesma forma que vocês. Depois disso, irei ao rei, ainda que seja contra a lei. E se morrer, morri (Ester 4:16).

Temos aqui uma reviravolta na vida da personagem principal da história. Hadassa une sua fé à sua autoridade de rainha e ordena a Mardoqueu (no imperativo, sem nenhum verniz de circunlóquio) que reúna os judeus em Susã para um jejum público. Por meio dessa atitude, Ester assume o papel de líder moral de seu povo. Sua passividade se transforma em determinação. A bela rainha se transforma em uma mulher de Deus decidida a liderar seu povo em meio à crise.

O que aconteceu? O que fez Ester sair de "não posso fazer nada" para "estou disposta a sacrificar tudo"? O que a fez sair de "se eu for, morrerei" para "se morrer, morri"?

Deve ter sido a mensagem clara e direta de Mardoqueu. Sim, o mundo está uma bagunça. Sim, somos vítimas de um Hamã cruel. Todavia, o socorro virá, e "quem sabe você entrou no reino para uma ocasião como essa?" (Ester 4:14, NKJV). Mardoqueu abriu uma janela e inundou o mundo de Ester com a luz divina. "Você está aí por uma boa uma razão", disse ele. "Sua vida é parte de um plano. Você foi colocada aí de propósito, para um objetivo".

Você também, caro leitor. A exemplo de Ester, você foi criado para este momento. Verdade seja dita, sei que não pediu para estar nessa situação. Seu desejo é que tudo se resolva rapidamente. Afinal, você não tem certeza de por quanto tempo será capaz de suportar.

Este é o momento.
Você foi criado
para resistir como
Mardoqueu e para
falar como Ester.

Mas e se Deus estiver envolvido em tudo isso? Não foi ele que colocou você neste planeta exatamente neste momento? Não foi ele que determinou seu local e data de nascimento e até sua nacionalidade (Atos 17:26)? Quem sabe você, a exemplo de Ester, tem a oportunidade de agir para abençoar mais pessoas do que poderia imaginar?

Sua hora chegou. Este é o momento. Você foi criado para resistir como Mardoqueu e para falar como Ester.

O livramento virá. Deus conquistará a vitória, resgatará seu povo e colocará o mundo em ordem. A questão não é *Deus prevalecerá?*, mas *você se juntará à equipe*?

Se Ester tivesse se calado, teria perdido a oportunidade de salvar milhares de compatriotas. Nesse caso, Deus teria salvado seus filhos por meio de outra pessoa. Conforme advertiu Mardoqueu: "socorro e livramento para os judeus virão de outro lugar, porém você e a família de seu pai morrerão" (Ester 4:14). Talvez Ester imaginasse que escaparia da calamidade. Talvez até tivesse considerado silenciar Mardoqueu. Afinal de contas, era rainha e ninguém sabia de sua nacionalidade. Sem dúvida seu isolamento era uma grande tentação. Apesar disso, Mardoqueu advertiu-a firmemente que não se calasse. Deixar de agir traria um custo enorme para Ester. O nome dela e o de sua família se tornariam sinônimos de indiferença.

A questão não é *Deus prevalecerá?*, mas *Você se juntará à equipe?*

E quanto a você e eu? Sim, também podemos nos esconder se assim desejarmos. Podemos endurecer o coração e deixar a fé esfriar. Basta hibernar, se esconder, passar despercebido, silenciar. Contudo, também podemos encarar os problemas como oportunidades de participar da obra de Deus.

Foi essa escolha que Martin Luther King Jr. tinha diante de si em uma noite de janeiro de 1956. Aos 27 anos, King se engajou na causa que ensejaria um boicote e conduziria ao movimento norte-americano de direitos civis. Menos de uma semana depois de Rosa Parks se recusar a ceder seu assento a um passageiro branco, King se tornou presidente da Montgomery Improvement Association [Associação de Melhoramento de Montgomery] da cidade de Montgomery, no Alabama.

Ameaças de morte começaram a aparecer imediatamente. Um telefonema em especial o deixou muito preocupado. Em um de seus discursos, ele comenta: "No outro lado da linha ouvi uma voz nojenta. Em resumo, essa voz me disse: 'Negão, estamos cansados de você e de sua baderna. Se você não sair da cidade em três dias, vamos estourar seus miolos e explodir sua casa'".

King foi até a cozinha para se acalmar. Pensou em sua adorável esposa e em sua amada filhinha. Em sua mente, viu o furor que o aguardava nas ruas e questionou se valeria a pena prosseguir.

Pensou em ligar para seu pai ou sua mãe, mas optou por outro rumo. "Alguma coisa me disse: você não pode telefonar para seu pai; ele está em Atlanta, quase trezentos quilômetros de distância. Também não pode telefonar para sua mãe. Você deve telefonar para aquele algo, aquela pessoa que seu pai costumava mencionar, aquele poder capaz de criar uma saída onde não existe nenhuma".

King abaixou a cabeça e pediu ajuda a Deus. "E naquele momento me pareceu que podia ouvir uma voz em meu íntimo dizendo: 'Martin Luther, defenda a honra, defenda a justiça, defenda a verdade. E eis que estarei com você até o fim do mundo'".

Recuperado e fortalecido, King prosseguiu seu trabalho e deixou sua marca naquilo que talvez possa ser considerado o movimento mais importante do século 20. Apesar disso, continuou com medo até o final de sua vida. No discurso em que compartilhou essa história, admitiu: "Viver todos os dias debaixo de intenso criticismo, até da parte de negros, algumas vezes me deixa desanimado [...] e sinto que meu trabalho é em vão. Contudo, em seguida o Espírito Santo reaviva minha alma mais uma vez".[1]

O socorro virá. Que Deus ajude você e eu a participarmos desse socorro.

Todos nós recebemos oportunidades de participar da obra de Deus. É claro que não seremos chamados para falar com um rei persa e pouquíssimos de nós liderarão algum movimento de libertação. Contudo, o céu oferecerá a cada um de nós, sem exceção, o privilégio de participar de uma obra santa.

Quando receber esse convite, preste atenção ao mesmo Espírito que o reverendo King ouviu, busque a mesma coragem que Ester encontrou e tome a mesma decisão que Mardoqueu tomou. O socorro virá. Que Deus ajude você e eu a participarmos desse socorro.

*Capítulo 6*

# DUAS SALAS, DOIS TRONOS

Existem muitos filmes baseados na história de Ester. Um deles a apresenta como uma beldade estonteante de olhos amendoados e pele macia. Verdadeiro deslumbre hollywoodiano. De fato, é bastante provável que fosse belíssima. Afinal, foi escolhida rainha da Pérsia em um harém repleto de candidatas de mesmo nível.

Esses filmes também concordam entre si a respeito do momento mais dramático de sua vida: a visita não solicitada ao rei Xerxes. Em sua elegância, Ester surge na porta da sala do trono. A câmera tem dificuldade para desviar o foco de sua beleza. Quando finalmente o faz, mostra um Xerxes de olhos arregalados e queixo caído. "Que posso fazer por você, minha formosura?" A mensagem implícita em todos os filmes é uma só: foi a beleza de Ester que amoleceu e influenciou o coração duro de Xerxes.

A Escritura, porém, conta uma história diferente. Sim, Ester compareceu diante do rei. Sim, incorreu em grande perigo. E sim, Xerxes estendeu a ela o cetro e a convidou para entrar. Entretanto, não foi a beleza dela que o influenciou. Observe o texto e veja se concorda comigo.

> Então Ester mandou esta resposta a Mardoqueu: "Vá, reúna todos os judeus de Susã e jejuem em meu favor. Não comam nem bebam por três dias e três noites. Eu e meus servos jejuaremos da mesma forma que vocês. Depois disso, irei ao rei, ainda que seja contra a lei. E se morrer, morri" (Ester 4:15-16).

Ester percebeu, quiçá pela primeira vez, que silenciar é uma forma de consentimento. Seu povo, os judeus, foi declarado digno de genocídio e ela nada fez a respeito. De duas, uma: ou estava distraída demais para perceber ou estava com medo demais para agir. Em ambos os casos, agiu com apatia indesculpável.

Mas o que ela poderia fazer? O rei já havia concordado, seu vizir já havia decretado a pena de morte e nenhum deles demonstrava interesse em mudar de ideia. Ao contrário, a ideia era justamente mostrar para todo mundo: com Xerxes, ninguém mexe. Ester estava diante de um muro intransponível e ainda por cima correndo perigo de morte caso cometesse algum erro. Em vez de chamar seu cabeleireiro, Ester se retirou para orar; em vez de sair correndo para a sala do trono de Xerxes, Ester se humilhou e entrou na sala do trono de Deus.

Gostaria que alguém produzisse um filme em que Ester, depois de ler a mensagem de Mardoqueu, desaba em seu quarto com o rosto no chão. Em breve seu povo seria conduzido ao matadouro. Um banho de sangue os aguardava. Enquanto isso, ela dormia com o rei que decretou o massacre. Suas servas a encontram no chão e correm para socorrê-la, mas ela acena que se afastem. "Digam a Mardoqueu que intercederei junto ao rei, mesmo que eu morra. E peçam a todos que orem."

Estamos diante de uma nova Ester. Antes de sermos apresentados a uma Ester corajosa, somos apresentados a uma Ester humilhada que até então vinha apostando em sua beleza, mas que agora passa a confiar em Deus.

Em breve Ester comparecerá diante de Xerxes, e correndo risco de morte, para tentar reverter uma lei irrevogável patrocinada pelo sujeito mais poderoso em todo o império e endossada por meio do anel do rei. Ester sabe que a única esperança está em uma intervenção de Deus. Sua oração é de desespero.

Três dias sem comer, sem beber e provavelmente sem dormir de tanto pavor. A fome começa a corroer seu intestino. A desidratação resseca sua pele e produz olheiras. Suas orações saem exprimidas como lágrimas.

Já sabemos o que acontece depois. Ester entra na sala de Xerxes, agora totalmente transformada dos pés à cabeça em um retrato da perfeição dos persas. Bastou um único olhar para Xerxes ficar de queixo caído. De acordo com a Escritura, Xerxes "agradou-se dela e lhe estendeu o cetro de ouro que tinha na mão" (Ester 5:2).

Agradou-se dela? Está mais para "se desmanchou", "derreteu como sorvete no verão", "peça e te darei metade do meu reino". Xerxes era um garoto de Ensino Fundamental diante de uma universitária *top model*.

Entretanto, não foi a beleza de Ester que abriu a porta da sala do trono. Foram suas orações. Ela compareceu arrebatadora perante o rei somente depois de comparecer humilhada diante do Rei dos reis. Porventura não somos chamados a fazer o mesmo?

Não pense, nem por um momento, que você é capaz de enfrentar o inverno sozinho, mas também não pense, nem por um momento, que Deus não concederá a você tudo que você precisa.

Muitos anos atrás, na época em que eu morava com minha família no Brasil, um cristão recém-convertido se dirigiu a um de nossos missionários com uma pergunta. Em suas devocionais, aquele homem havia se deparado com a seguinte promessa: "E tudo que pedirem em oração, crendo, vocês receberão" (Mateus 21:22, NKJV).

— Nossa igreja crê nessa passagem? — indagou ao missionário.

— Sim, claro. — E que mais o coitado haveria de dizer?

— Nesse caso, por que trabalhamos tanto e oramos tão pouco?

Excelente pergunta. Por que agimos dessa forma? E se a única coisa entre você e a solução de seus problemas for uma oração? Não estou me referindo a uma piscada de olho para o cara lá de cima. Estou falando de orar com o coração. Não consigo pensar em nada mais simples (ou mais importante) que nos juntarmos a Deus com o objetivo de trazermos reviravoltas.

Não pense, nem por um
momento, que você é capaz
de enfrentar o inverno
sozinho, mas também não
pense, nem por um momento,
que Deus não concederá
tudo que você precisa.

Você anda em busca da primavera? Nesse caso, não há necessidade de buscar conselhos com seus companheiros de pesca, não há necessidade de prestar atenção aos tabloides que apregoam dez passos fáceis para encontrar a felicidade, não há necessidade de assistir a mais um programa de baboseira psicológica na televisão. Você precisa da ferramenta que Ester e Daniel encontraram. Você precisa orar.

Daniel era muito jovem na época em que foi levado para o cativeiro na Babilônia, em 605 a.C. Mais tarde, recebeu um vislumbre acerca do futuro de seu povo e percebeu que os setenta anos de cativeiro estavam terminando. Daniel foi tratar do assunto com o Senhor.

> Ouça, Deus, a oração resoluta de teu servo. Tenha misericórdia de nosso santuário em ruínas. Aja em conformidade com quem o Senhor é e não com quem somos.
>
> Volta os ouvidos para nós, Senhor, e ouça. Abra os olhos e observe atentamente nossa cidade em ruínas, a cidade que leva teu nome. Sabemos que não merecemos tua atenção. Portanto, apelamos à tua compaixão. Esta oração é nossa única e última esperança (Daniel 9:17-18, A Mensagem).

Que palavra melhor denota o tom de oração de Daniel? *Eloquência*? *Autoridade*? *Poesia* grandiosa? Em minha opinião, nada disso. Antes, proponho *humildade*.

"Tenha misericórdia", implora Davi.

"Aja em conformidade com quem o Senhor é, e não com quem somos."

"Não merecemos tua atenção."

"Apelamos à tua compaixão."

Daniel recorreu à misericórdia da mais alta corte.

Se havia alguém que merecia ser ouvido por Deus, era Daniel. Afinal, a Escritura o retrata como um homem totalmente íntegro, sem nenhum indício de adultério, rebeldia ou infidelidade. Para a

Escritura, Daniel era um homem santo. Apesar disso, esse santo compareceu quebrantado diante de Deus.

Deus se comoveu com a oração, a ponto de enviar a ele um anjo com uma mensagem.

> A partir do momento que você decidiu se humilhar para obter entendimento, sua oração foi ouvida e eu parti para me encontrar com você. Entretanto, fui emboscado pelo anjo do reino da Pérsia, que me atrasou por três semanas. Contudo, Miguel, um dos anjos mais importantes, interviu para me ajudar e eu o deixei ali com o anjo da Pérsia. Agora estou aqui para ajudar você (Daniel 10:12-14, A Mensagem).

O anjo partiu para ajudar Daniel no exato momento em que ele se ajoelhou e orou.

O momento em que você abaixa a cabeça para orar é o momento em que Deus estende a mão para ajudar. O Pai celestial deseja te ouvir. Você está desesperado? Sem saída? Sem solução? De jeito nenhum. Este é o momento, mais do que nunca, de se ajoelhar e implorar por misericórdia.

> O momento em que você abaixa a cabeça para orar é o momento em que Deus estende a mão para ajudar.

Vivenciei uma situação dessas durante o verão de 2020, ano estressante para todos nós em um mundo massacrado pela pandemia e por falta de vacina. A Casa Branca passava por maus bocados e o mercado de trabalho estava arrasado. Como se não bastasse, um tsunami de raiva percorreu o mundo depois da morte de um negro de Minneapolis nas mãos de um policial branco. Essa fúria invadiu nossas ruas desde Nova York até Portland.

Em San Antonio, cidade em que atuo como pastor desde 1988, formamos um grupo para convidar pessoas à oração. Alugamos o maior estacionamento da cidade, espalhamos muitas faixas e organizamos um culto de oração. Decidimos seguir o exemplo de Mardoqueu e Ester: pedir socorro a Deus. Decidimos também nos arrepender. "Se o meu povo, que se chama por meu nome, se humilhar, orar, buscar minha face e *se afastar de seus maus caminhos*, do céu os ouvirei e perdoarei seus pecados e curarei sua terra" (2Crônicas 7:14, ênfase do autor).

É necessário se afastar do mau caminho e se arrepender do pecado.

"Mas de que pecado?", perguntamos a Deus. "São tantos!" Então, em uma voz clara, como jamais ouvi da parte de Deus, me veio a seguinte resposta: o pecado do racismo. Nossa nação precisa se arrepender dos séculos de opressão que impusemos aos nossos irmãos e irmãs negros.

Por alguma razão, a incumbência de supervisionar essa oração foi entregue a mim. Confesso que a ideia de liderar uma oração de arrependimento por essa transgressão me parecia fora de cabimento. Afinal, eu tinha várias desculpas e fiz questão de apresentá-las em alto e bom som para Deus. "Não sou racista, Senhor. Jamais agi errado com a comunidade negra. Jamais ofendi algum afrodescendente".

"Mas você também jamais os defendeu", veio a resposta bem clara do Pai.

Lembrei-me da oração de Daniel, do lamento público de Mardoqueu, de Ester e sua disposição de falar com o Rei antes de falar com o rei.

Pedi a um pastor negro que se juntasse a mim no púlpito. Diante de milhares de pessoas presentes e outras dezenas de milhares assistindo *on-line*, me ajoelhei no altar e me arrependi, com o pastor em pé ao meu lado.

*Pai, o Senhor formou, a partir de um único sangue, todas as nações, homens e mulheres para habitarem a face da terra. Temos um único sangue. Não existe sangue negro, não existe sangue branco, não existe sangue pardo, não existe sangue asiático. Existe apenas um sangue.*

*Quando o Senhor morreu, derramou teu sangue precioso para que seres humanos de todas as nações pudessem ser salvos. Este era, e ainda é, teu plano. Vermelhos, amarelos, negros e brancos. Todos são preciosos aos teus olhos. Mas não têm sido preciosos aos nossos.*

*Por esse pecado, Senhor, pedimos perdão.*

*Eu, Max Lucado, peço perdão. Perdão por ter me calado. Tenho vivido com a cabeça enterrada na areia. Meus irmãos e irmãs estão feridos à beira da estrada enquanto dou uma volta bem grande para evitá-los. Fiz com que se sentissem abandonados. Não despertei para a tragédia que estão vivendo.*

*Perdoe-me.*

*Perdoe-nos. Nossos ancestrais erraram. Agiram mal ao comprarem e venderem pessoas, agiram mal ao se declararem superiores aos negros, pecaram ao se recusarem a compartilhar bebedouros, transporte público e restaurantes com estes teus filhos.*

*Imploramos tua misericórdia por aquelas ocasiões em que tua igreja te magoou por barrar a entrada destes teus filhos de cor. O Senhor está certo: agimos errado.*

*Cura nossa terra, Senhor. Tu és capaz de fazer o que policiais e políticos não são capazes. O Senhor pode demolir os muros do preconceito e da tendenciosidade. Por favor, em nome de Jesus, faça isso agora mesmo.*

Será que minha oração despertou uma renovação nacional? Não sei dizer, porém uma jovem afrodescendente veio a mim e disse: "Era tudo que eu precisava ouvir para não desistir".

A exemplo de Ester, você também está enfrentando uma situação impossível? Nesse caso, siga o exemplo dela.

Ester poderia ter permanecido em anonimato e de braços cruzados. Também poderia ter agido impulsivamente para falar com Xerxes. Todavia, optou por um caminho mais sábio: decidiu orar. A história dela nos estimula a fazer o mesmo.

Estamos vivendo um momento de conversar de uma forma franca, honesta e humilde com o Senhor do universo. Jejuar por três dias é opcional, mas orar em verdadeira humildade não é.

Você tem algum Xerxes em sua vida? Está enfrentando problemas com algum Hamã? Está correndo o risco de perder o emprego? Tem algum ente querido à beira da morte? Sua família tem sido alvo de ameaças? Sua fé está em pedaços? Retire-se para orar.

Ester foi capaz de entrar na sala do trono de Xerxes depois de um período na sala do trono de Deus. A atitude dela é um exemplo para você e para mim. Depois de falarmos com o rei dos céus, estaremos prontos para enfrentar qualquer rei terreno.

**TERCEIRO ATO**

# CONQUISTA:

*A MÃO DE DEUS NOS DETALHES DA HISTÓRIA*

Mardoqueu estava sonhando. Em seu sonho, Ester era uma menina que corria para seus braços em meio a um campo verdejante. Os cabelos dela esvoaçavam ao vento enquanto soltava uma risada de causar inveja às cotovias. Mardoqueu a ergueu nos braços até eclipsar o Sol do meio-dia.

Aba, disse ela em seu sonho. E, apesar de Mardoqueu não ser pai dela, era o único pai que ela conhecia. Ele a colocou no chão e se pôs a correr atrás dela pelo campo quando...

— Acorde, Mardoqueu. — Ele manteve os olhos fechados e o queixo sobre o peito, sem nenhuma intenção de se levantar. — Você não pode ficar aí sentado como um mendigo.

Mardoqueu piscou os olhos e levantou a cabeça. A luz do luar iluminava uma rua silenciosa. A parede contra suas costas e o chão frio contra suas nádegas se fizeram notar.

— Hegai?

— O próprio.

— Devo ter cochilado — resmungou Mardoqueu entre lábios ressecados.

— Já é quase dia.

— Dormi a noite inteira?

— Você está exausto. Tem jejuado há três dias. Espere aqui, vou buscar algo para você comer.

Mardoqueu fez um esforço para se levantar.

— Ainda não, Hegai. Só depois de receber notícias da rainha. — Mardoqueu sentiu a cabeça rodopiar e tornou a se recostar na parede. Seu manto de pele de cabra coçava sua pele.

— É por isso que estou aqui. Ela quer ver você.

— A rainha?

— E quem mais? Venha comigo.

Mardoqueu colocou a mão no ombro de Hegai e o acompanhou. O pátio do palácio estava vazio, exceto pela presença de alguns guardas que pareciam entediados. Ao passarem pelo portão, Hegai colocou um manto ornamentado sobre os ombros de seu amigo. Mardoqueu não recusou. Afinal, não permitiriam que entrasse no palácio usando seu humilde manto de arrependimento.

Pouco depois, chegaram a uma porta grande. Hegai abriu-a e ambos entraram. Todavia, Hegai aguardou ao lado da porta enquanto Mardoqueu avançou para o interior do cômodo. Pequenas lamparinas iluminavam o suficiente para revelar uma mesa comprida. Tochas apagadas ladeavam as paredes a intervalos regulares. No fundo do cômodo, uma lareira reduzida a brasas. Mardoqueu estava familiarizado com aquela sala de banquete. Uma semana atrás ele bem poderia ter estado aqui, comemorando e rindo com seus colegas de trabalho.

Entretanto, tudo mudou quando revelou sua nacionalidade e se vestiu de pano de saco e cinzas. Há dias perambulava aos gritos pelas ruas, ecoando suas lamúrias em muros e abóbadas. Os judeus estavam com os dias contados. Era necessário que alguém intercedesse perante o rei. Esse "alguém" aguardava em pé, no outro lado da mesa.

Mardoqueu se aproximou o máximo permitido pelo decoro e curvou a cabeça. Depois de reerguer-se, olhou para a rainha. Ela estava com o rosto coberto de lágrimas, tinha os lábios rachados e ressecados e usava um vestido comum.

— Estou pronta — disse ela com a voz firme, resoluta, corajosa.

— Você vai se encontrar com o rei? Sem ser convidada?

— Sim.

— Caso ele receba você, vá direto ao ponto.

— Não, eu preciso usar de sutileza.

Mardoqueu inclinou a cabeça para o lado, em sinal de questionamento.

— Xerxes conhece apenas a linguagem do prazer. É essa linguagem que falarei.

Ester relatou seu plano em voz baixa e Mardoqueu assentiu com a cabeça.

— Muito sábio — respondeu ele, e acrescentou: — Visitei várias vezes o bairro judaico esses últimos dias. Todos estão orando, inclusive as crianças.

A rainha esboçou um sorriso ao imaginar a cena.

— Até as crianças?

— Até elas. Aliás, me entregaram uma mensagem divina para compartilhar com você.

— Uma mensagem divina?

— Elas me pararam na rua e citaram esta passagem: "Não tenha medo do terror repentino nem da destruição do perverso quando chegar a hora".[1]

Ester acenou com a cabeça.

— Que as orações delas alcancem os céus.

Ambos ficaram em silêncio por um momento.

Por fim, Ester estendeu uma das mãos, tão limpa e tão macia, observou Mardoqueu, o qual em seguida a segurou com ambas as mãos.

— Aba?

— Filha.

— E se eu morrer?

Mardoqueu engoliu a seco e suspirou. — Se morrer, você encontrará sua mãe e seu pai. Será recebida por Abraão, por Rute, por...

— E nosso povo?

— Deus encontrará outra maneira de nos libertar.

Ela concordava com a cabeça à medida que Mardoqueu a consolava. As luzes das lamparinas refletiam em seus olhos lacrimejantes. Por um momento, Ester não era rainha, Mardoqueu não era funcionário do palácio, o povo judeu não estava sentenciado à morte. Por um breve momento, Ester e Mardoqueu corriam em uma enorme campina dourada.

— Minha rainha, está na hora — interrompeu Hegai.

E, simples assim, ela se foi.

*Capítulo 7*

# DEUS FALA MAIS ALTO QUANDO SUSSURRA

O efeito borboleta não me traz nenhum consolo. Não obtenho nenhum alívio em refletir acerca dessa possibilidade. Como sabe o leitor, o efeito borboleta se refere à teoria de que um inseto na África é capaz de causar um furacão nos Estados Unidos.[1] A ideia é mais ou menos a seguinte: em determinado momento, uma borboleta bate suas asas e agita uma minúscula corrente de vento, que por sua vez aumenta gradativamente e vai desencadeando efeitos ao redor do planeta, até resultar em uma tempestade caótica.

Concordo plenamente com a parte da borboleta, isto é, com a ideia de que um pequeno impulso é capaz de resultar em um grande acontecimento. Afinal, qualquer um que tenha plantado uma semente jamais poderia negar o poder das origens humildes. Minha birra não é com as consequências, mas com a aleatoriedade. Ora, quer dizer que somos vítimas de um simples bater de asas? Porventura cidades inteiras são varridas por tsunamis em razão de um mísero inseto? Por acaso nada mais somos que cata-ventos golpeados por forças impessoais? Quem se consola com uma filosofia fundamentada em acasos e imprevistos?

Eu não. Em contrapartida, muito me consolam passagens como estas:

> Nosso Deus está nos céus e faz tudo conforme deseja (Salmos 115:3, NLT).

> De eternidade a eternidade eu sou Deus. Ninguém pode se opor ao que faço (Isaías 43:13, TLB).

> Fomos escolhidos desde o princípio para sermos dele [de Deus], e todas as coisas acontecem conforme ele decidiu há muito tempo (Efésios 1:11, TLB).

> Quem pode ordenar que algo aconteça sem a permissão do Senhor? (Lamentações 3:37).

> Ninguém pode interromper sua obra, ninguém pode questionar seu governo (Daniel 4:35, A Mensagem).

> Desde o início faço conhecido o fim, desde tempos remotos o que ainda virá. E digo: "Meu propósito permanecerá e farei tudo que me agrada" (Isaías 46:10).

A borboleta agita suas asas, mas somente com a permissão do Senhor pode produzir um furacão, pois Deus é "o controlador abençoado de todas as coisas" (1Timóteo 6:15, Phillips).

Não há dúvida de que Deus estava no controle na história de Ester. Sugiro ao leitor que coloque o cinto de segurança, pois os próximos capítulos se desenrolam em altíssima velocidade. O capítulo 5 começa apresentando Ester em seus trajes reais e parada diante da entrada da sala do trono, perto o bastante para o rei perceber sua presença e sentir seu perfume. "Quando viu a rainha Ester em pé na sala, agradou-se dela e lhe estendeu o cetro de ouro que tinha na mão. Ester se aproximou e tocou a ponta do cetro" (Ester 5:2).

(Sei, de fonte segura, que Xerxes, ao estender seu cetro de ouro, na verdade estava dizendo o equivalente persa para "Oi, amor! Tudo bem?".) Xerxes não apenas a convidou para entrar, mas também quis saber o que ela desejava. "O que há, rainha

Ester? Qual é seu pedido? Mesmo que seja a metade do reino, te será concedido" (Ester 5:3).

Ester convidou o rei e Hamã para um jantar, isto é, uma noite agradável para jogar conversa fora, beber um bom espumante e ouvir um pouco de Frank Sinatra. Ora, dizem por aí que o caminho mais rápido para o coração de um homem passa pelo estômago, não é verdade?

O jantar foi um tremendo sucesso. Hamã se retirou com a barriga cheia e a cabeça nas nuvens. Ah, que vida boa! Além de conselheiro íntimo do rei, agora também era consultor pessoal da rainha para assuntos de etiqueta. Hamã saiu distribuindo sorrisos para todo lado enquanto desfilava pelo pátio do palácio acenando aos serviçais de prontidão. Que mais poderia desejar? Nesse momento, deu de cara com Mardoqueu sentado junto ao portão, ainda vestindo pano de saco e cinzas e ainda se recusando a se curvar.

Hamã fez cara feia, rangeu os dentes e voltou para casa desconsolado como um maratonista com joanete. Ao chegar, reuniu sua esposa e seus amigos e lhes relatou, sem meias-palavras, de que forma Mardoqueu estava arruinando sua vida.

> "Sou o único que a rainha Ester convidou para acompanhar o rei ao banquete que ela lhe ofereceu. E ela me convidou para comparecer amanhã junto com o rei. Mas tudo isso não me traz nenhuma satisfação enquanto eu vir aquele judeu Mardoqueu sentado junto à porta do rei".
>
> Sua esposa Zeres e todos os seus amigos disseram: "Mande fazer uma estaca com vinte metros de altura e pela manhã peça ao rei que Mardoqueu seja empalado nela. Em seguida, acompanhe o rei ao banquete e divirta-se". A sugestão agradou muito Hamã e ele mandou construir a estaca (Ester 5:12-14).

Sim, é isso de que preciso: um golpe certeiro! Que todos ouçam em alto e bom som: morte aos dissidentes, morte aos desobedientes!

Observe que Hamã ordenou a construção de uma estaca com aproximadamente vinte metros de altura, equivalente a um prédio de quase oito andares! (Lembrando que os persas não enforcavam suas vítimas, mas as atravessavam com uma estaca.) Naquela noite Hamã foi dormir com a imagem de Mardoqueu empalado como um espetinho de carne. Imagem nada agradável para pegar no sono. Mas, até nisso, Hamã era um sujeito nada agradável.

Por falar em adormecer, o rei Xerxes não conseguiu dormir naquela noite. Vira para cá, vira para lá, bate no travesseiro, bate outra vez e nada de sono. Depois de um longo suspiro, sentou-se à cabeceira da cama e soltou um arroto. Para ele, a culpa de sua insônia era do molho de carne apimentado. Na verdade, teria se saído melhor se tivesse culpado a borboleta celestial.

Hoje, muitos costumam pegar no sono ouvindo sermões de Max Lucado. Uma vez que Xerxes não tinha acesso a essa terapia, ordenou que lessem para ele (pausa para um bocejo) trechos do livro das crônicas do reino. Em questão de minutos apareceu um atendente carregando um rolo gigantesco que se pôs a ler, em tom monótono e maçante, capaz de anestesiar até pacientes de cirurgia cardíaca, as atas das últimas reuniões do conselho.

"Requisitados seis portões para a cidade de Susã. Aprovada a compra de novos capacetes para o exército. Enviados 7 milhões de prendedores de papel para todos os cantos do império. Mardoqueu salvou a vida do rei ao relatar uma tentativa de assassinato."

*Hein*?! O rei se empertigou na cama e mandou o atendente interromper a leitura.

Você se lembra desse episódio em um momento mais atrás na história de Ester? Mardoqueu ouviu, por acaso, dois rebeldes planejarem um assassinato contra o rei e relatou a tramoia a Ester, que por sua vez informou Xerxes, que escapou da morte. O assunto foi registrado no livro, porém sem nenhuma repercussão para Mardoqueu.

> "'Que honra e reconhecimento Mardoqueu recebeu por isso?', perguntou o rei" (Ester 6:3).

Apoplético, o rei foi informado de que nada havia sido feito para homenagear o homem que salvou sua vida. Como foi possível que uma coisa dessas passasse despercebida? Mardoqueu salvou o rei e não recebeu sequer um "muito obrigado". Xerxes se levantou da cama e começou a andar pelo quarto. Algo tinha de ser feito, mas o quê? Xerxes precisava de conselhos.

> O rei perguntou: "Quem está no pátio?" Ora, Hamã havia acabado de entrar no pátio do palácio para falar com o rei a respeito de empalar Mardoqueu na estaca que havia preparado.
>
> Os oficiais do rei responderam: "Hamã está no pátio".
>
> "Façam-no entrar", ordenou o rei (Ester 6:4-5).

Era quase hora do amanhecer e ambos com o pensamento em Mardoqueu: Xerxes com a intenção de homenageá-lo, Hamã com a intenção de cortá-lo em pedaços.

Ao receber a convocação do rei, Hamã se ajeitou o máximo possível e entrou com toda pompa. Entretanto, antes de sequer cumprimentar o rei, Xerxes lhe fez uma pergunta. "'O que se deve fazer ao homem que o rei tem prazer de honrar?' E Hamã pensou consigo: 'A quem o rei teria prazer de honrar, senão a mim?'" (Ester 6:6).

Narcisista inveterado, Hamã presumiu que o rei estava se fazendo de desentendido em seu desejo de honrá-lo. Afinal, quem mais seria digno de tal reconhecimento? Hamã estendeu uma das mãos em admiração à beleza de suas unhas bem-feitas e começou a se imaginar andando pelas ruas da cidade vestido com o manto real, montado no cavalo do rei, com o povo lhe atirando pétalas de rosas e se curvando à medida que ele desfilava acenando e atirando beijinhos à multidão. Que delícia.

> Portanto, respondeu ao rei: "Ao homem que o rei tem prazer de honrar, ordena que lhe seja trazido um manto que o rei usou e um cavalo que o rei montou, um daqueles que têm o brasão do rei na cabeça. Em seguida, sejam o manto e o cavalo confiados a um dos príncipes mais nobres do rei. Que seja colocado o manto sobre o homem que o rei deseja honrar e o conduzam sobre o cavalo pelas ruas da cidade, proclamando diante dele: 'Isso é o que se faz ao homem que o rei tem o prazer de honrar!'" (Ester 6:7-9).

— Genial — respondeu Xerxes.

*Mas é claro*, pensou o egocêntrico Hamã.

O desdobramento a seguir é um dos momentos mais grandiosos da Bíblia.

> "'Vá depressa', ordenou o rei a Hamã. 'Apanhe o manto e o cavalo e faça o que você sugeriu ao judeu Mardoqueu, que se senta à porta do palácio real. Não omita nada do que você recomendou'" (Ester 6:10).

Que balde de água fria.

Em questão de minutos, Susã começou a celebrar o dia de Mardoqueu, com direito à banda de música e carro alegórico. Caro leitor, observe a primeira de muitas reviravoltas que Ester nos reserva. Hamã desejava colocar Mardoqueu na estaca, mas o colocou em um cavalo. Planejava conduzi-lo à morte aos gritos de zombaria, mas acabou conduzindo-o pelas ruas aos gritos de muita alegria. Se, antes, tudo que mais desejava era uma festa em sua homenagem , agora tudo o que desejava era que essa humilhação terminasse logo.[2]

Como se diz "justiça poética" em persa?

Depois da comemoração, "Hamã correu para casa, angustiado e de cabeça coberta. E contou a Zeres, sua esposa, e a todos os seus amigos tudo que havia acontecido com ele" (Ester 6:12-13, NASB).

Quem poderia ter imaginado esse desfecho? Quem poderia ter previsto essa reviravolta? Em uma palavra: Deus.

Foi Deus que orquestrou tudo, a insônia do rei, a leitura das crônicas, a informação a respeito de Mardoqueu e a presença de Hamã no pátio. E quem mais seria capaz de feito semelhante senão o Controlador de todas as coisas, aquele que "faz que tudo ocorra de acordo com seu plano"? (Efésios 1:11, NLT).

Era Deus operando no meio da nação mais pagã do mundo, dentro do coração de um rei hedonista e no meio de uma conspiração de dois sujeitos que decretaram a morte de milhares de judeus.

E ele continua operando. Você acha que o mundo inteiro está contra você? Que até Deus está contra você? Que os acontecimentos da vida são meras questões de sorte e azar? Nem sequer se lembra da última vez em que a sorte jogou a seu favor? Sente que suas boas obras passam despercebidas? Que sua integridade não é recompensada?

Nesse caso, reflita a respeito da vida de Hamã e de Mardoqueu. Deus virou de ponta-cabeça a história desses dois. Hamã começou o dia em pompa e ostentação em sua visita aos aposentos do rei. Mardoqueu começou o dia vestido de pano de saco e cinzas, orando à sombra de uma estaca de vinte metros que o aguardava. Entretanto, em questão de momentos Hamã foi humilhado, e Mardoqueu, condecorado. O decreto de morte escrito por Hamã se transformou em massinha de modelar nas mãos da providência divina.

A próxima vez em que ouvir a expressão "o diabo está nos detalhes", corrija o falante, pois na verdade é Deus que está nos detalhes; ele é quem opera nos pequenos momentos. O insignificante se torna significativo, pois Deus está sempre orquestrando detalhes cotidianos de inúmeros seres humanos ao longo de muitos milênios, a fim de que cumpram tudo que ele pré-ordenou.

Na verdade, é Deus que está nos detalhes; ele é quem opera nos pequenos momentos.

Sei de uma mãe que pode confirmar isso. Por respeito à privacidade dela, não revelarei seu nome, apenas sua história. Os problemas e as dificuldades da vida cobraram dessa mãe um preço exorbitante, de modo que já não lhe restavam forças para prosseguir. Em sua exaustão, ela decidiu pôr um fim à própria vida. E planejou sua partida até nos mínimos detalhes. Um desses detalhes incluía uma visita a uma livraria com o objetivo de adquirir um livro de história infantil para seus filhos como presente de despedida.

Depois de pedir uma recomendação ao dono da livraria, ele a levou a uma prateleira na qual havia um livro intitulado *Conte-me a história*, de Max Lucado. Sei o que aconteceu depois, porque ela me escreveu um bilhete no verso da sacola da livraria.

> Apenas um bilhete para dizer "muito obrigada" por seu livro espetacular, *Conte-me a história.* Fui a uma livraria hoje a fim de comprar presentes para muitas pessoas. Por várias semanas tenho entretido a ideia de me matar. Há anos venho tentando "crer e sentir" que Deus é real. Comprei este livro como "presente de despedida" para um de meus filhos. Não tinha ideia do conteúdo, mas parecia um livro cristão e tinha uma capa bonita.
>
> Por várias horas dirigi a esmo e chorando. Eu estava fazendo hora até que meus filhos dormissem e eu pudesse passar em casa para deixar os presentes e depois desaparecer para sempre.
>
> Mas Deus me conduziu a um pequeno desvio de rota. O motor do carro ficou sem óleo e começou a fazer um barulho esquisito. Procurei um posto ou algum lugar que fizesse troca expressa, mas estava tudo fechado. Fiquei muito frustrada, pois precisava do carro para passar em casa e depois buscar algum lugar próximo a um trilho de trem.
>
> Parei em um estacionamento e comecei a separar os presentes e a escrever bilhetes de incentivo para cada um. Por alguma razão, decidi "desperdiçar tempo" lendo *Conte-me a história.* Fiquei muito impressionada [...]. Senti como se pudesse "conhecer" Jesus de uma

> forma diferente. Em vez de tirar minha vida esta noite, voltarei para casa e continuarei a ler o livro. Quero um relacionamento com Deus [...]. Vou dar meia-volta, colocar esse bilhete no correio e depois vou para casa ler uma história para meus filhos.

Um rei com insônia.

Uma mãe desesperada em uma livraria.

E um médico judeu compartilha sua fé cristã com Aleksandr em uma prisão russa.

A história de Aleksandr começa em 1918. Naquela época a Rússia estava entrando na era do comunismo, que traria fome ao povo e morte aos rebeldes. Brilhante e precoce, Aleksandr já desejava, desde os nove anos, se tornar escritor. Leu gigantes da literatura russa, incluindo Dostoiévski e Tolstói, aos quais teve acesso em uma biblioteca de clássicos na casa de uma tia.

Embora tenha crescido sob a influência da fé ortodoxa de sua tia Irina, ao chegar à maioridade Aleksandr havia se tornado discípulo de Marx e Lenin e devorava tudo que esses dois escreviam. Recebeu uma bolsa de estudo para cursar a universidade e tinha tudo para ingressar em uma brilhante carreira literária ou acadêmica. Até irromper a Segunda Guerra Mundial.

Moscou foi sitiada; Aleksandr foi convocado para o exército e transferido para uma unidade de transporte que se locomovia por meio de cavalos. Ele foi ridicularizado por suas realizações acadêmicas e linguagem rebuscada. A vida de soldado não era para ele.

Comparado ao que o aguardava, porém, era uma lua de mel. Em 9 de fevereiro de 1945, Aleksandr foi preso por meio de uma falsa acusação de espionagem. Certo de que tudo não passava de um mal-entendido, convenceu-se de que seria liberto em breve, mas estava enganado. Aleksandr havia sido engolido pela aterrorizante máquina do totalitarismo soviético e passaria os próximos oito anos de sua vida em várias prisões, algumas melhores que outras, mas todas angustiantes. Sua fé no regime foi diminuindo aos poucos, porém, sem um substituto à altura.

Com o tempo, a fé de sua infância começou a reemergir. Aleksandr encontrou intelectuais cristãos, também prisioneiros como ele, que contribuíram para sua convicção, agora cada vez mais robusta. A peça decisiva se encaixou em janeiro de 1952, ano em que surgiu uma protuberância enorme e dolorida em sua virilha, posteriormente diagnosticada como cancerosa. Quando se recuperava de uma cirurgia, recebeu uma visita de um médico judeu recém-convertido à fé cristã.[3] Mais tarde, Aleksandr narrou o encontro da seguinte forma:

> Ele me contou, com grande fervor, a longa história de sua conversão do judaísmo para o cristianismo [...] Fiquei pasmo com a convicção desse recém-convertido, com o fervor de suas palavras [...].
>
> Não consigo enxergar seu rosto. Através da janela vejo apenas reflexos difusos da luz que vêm de fora. E a porta do corredor brilha com uma luz amarela eletrizante. Entretanto, sua voz carrega tamanho conhecimento místico, a ponto de me causar arrepios.[4]

Foram as últimas palavras que ouviu daquele médico que, acusado de ser um espião infiltrado, foi morto a pauladas no dia seguinte. Aleksandr jamais se esqueceu daquela conversa.

Não demorou muito para Aleksandr seguir o mesmo caminho do médico, o mesmo caminho do Messias. Seu amor por Jesus, sua paixão por escrever e sua devoção à liberdade resultaram em livros que muitos consideram entre as maiores obras da literatura. Eu o apresentei por seu primeiro nome, mas você provavelmente o conhece por seu último nome, Soljenítsin. Ele relatou sua conversão em seu clássico *Arquipélago Gulag*.

> Agora, com o copo de medida de volta em minhas mãos,
>
> Bebo da água viva,

Quando o mundo parece girar fora do eixo, apegue-se a esta verdade: não é o bater de asas da borboleta que determina o curso da história, mas Deus.

Deus do Universo! Eu acredito de novo!
Embora eu tenha te renunciado, tu estavas comigo![5]

Há quem atribua o colapso do comunismo oriental em parte às obras de Soljenítsin. Quem imaginaria que nas profundezas de uma prisão erguida sobre os fundamentos do ateísmo uma alma se voltaria para Cristo e influenciaria o mundo?

Outra reviravolta divina.

Leitor, sua reviravolta está a caminho. Presuma que Deus está trabalhando. Avance na vida como se Deus estivesse avançando com você. Não preste atenção à voz da dúvida e do medo. Não desista da luta.

Você não consegue enxergar a mão de Deus? Não consegue compreender como ele age? Não tem problema. Obedeça ao que já sabe e tenha paciência com o que não sabe, pois "os que esperam no SENHOR renovam suas forças" (Isaías 40:31, NKJV).

Quando o mundo parecer girar fora do eixo, apegue-se a esta verdade: não é o bater de asas da borboleta que determina o curso da história, mas Deus, que interviu na época de Ester e continua intervindo hoje.

*Capítulo 8*

# O PERVERSO NÃO PREVALECERÁ

Um episódio de 1962 do seriado *Além da imaginação* conta a história de um sujeito presunçoso e abominável que vive enclausurado em seu próprio apartamento por acreditar em uma grande teoria da conspiração: para ele, e somente para ele, o mundo é habitado por gente que merece morrer.

O episódio começa, como todos os demais da série, com uma introdução de Rod Serling, criador e narrador do programa. "Este é Oliver Crangle", diz Rod sobre o personagem, "um mercador de rabugices e peçonhas". Mais adiante, narra a respeito da "metamorfose de um fanático desvariado, envenenado pela gangrena do preconceito, em um anjo vingador justo e onisciente, dedicado e medonho".

Crangle é um sujeito sem nenhuma empatia: tem raiva de pessoas que nunca viu, exige que sejam todos colocados no olho da rua e telefona para a polícia pedindo que coloquem todos na cadeia. Crangle usurpa a posição de juiz virtuoso e começa a disparar sentenças para todo lado.

Em determinado momento, cria um plano para acabar com todos os imprestáveis. Em uma ligação para o FBI, Crangle informa que às 16h todos os perversos e desprezíveis deste mundo se tornarão fáceis de identificar e de prender, pois serão reduzidos à altura de meio metro.

Finalmente a justiça triunfará. Finalmente os perversos serão revelados e todos o admirarão como o herói que sempre foi. À medida que a hora fatídica se aproxima, Crangle mal consegue conter a empolgação. Em seu devaneio, corre para a janela na hora marcada a fim de comemorar o dia do julgamento, porém não consegue olhar para fora. Para sua infelicidade, ele mesmo havia encolhido à altura de meio metro.[1]

Você conhece algum Crangle? Já cruzou com algum egoísta intolerante e desprezível que enxerga o mundo do alto de seu poleiro de arrogância? Pessoas que abusam, ameaçam, escarnecem, oprimem e até se esforçam para exterminar outras?

Hamã, o vilão da história, era um Crangle que vivia em seu próprio mundinho, e todos os demais existiam apenas para se curvarem à sua presença. Quando alguém se recusou, Hamã o sentenciou à morte, incluindo seu povo. Contudo, a vaidade de Hamã durou pouco. Seu reinado de terror se encerrou na sala de jantar de Xerxes.

> Então o rei e Hamã foram ao banquete da rainha Ester, e enquanto bebiam vinho no segundo dia, o rei perguntou novamente: "Rainha Ester, qual é o seu pedido? Você será atendida. Qual é seu desejo? Mesmo que seja metade do reino, te será concedido" (Ester 7:1-2).

É o segundo banquete. Muita coisa aconteceu desde o primeiro: Hamã tramou a morte de Mardoqueu; Xerxes homenageou a dedicação de Mardoqueu; Hamã, em sua exigência de adoração, foi humilhado; Mardoqueu, em sua recusa a adorar Hamã, foi homenageado. Hamã estava tão irritado e distraído, que quase perdeu o banquete.

O segundo jantar foi servido com a mesma dedicação que o primeiro. Havia vinho e comida à vontade. O clima de festa ajudou Hamã a esquecer seu dia miserável. Hamã estendeu o braço para se servir de outra taça de vinho. Nesse momento, o rei quis saber o que a rainha desejava. Xerxes já havia feito essa pergunta, porém Ester havia adiado sua resposta, mas agora era o momento certo. O coração dela deve ter batido na casa de três dígitos enquanto falava.

> Se encontrei favor diante de ti, vossa majestade, e se te agradar, poupe minha vida, este é meu pedido, e poupe meu povo, este é meu desejo. Pois eu e meu povo fomos vendidos à destruição, morte e aniquilação. Se apenas tivéssemos sido vendidos como escravos e escravas, eu teria ficado em silêncio, pois tal aflição não justificaria perturbar o rei (Ester 7:3-4).

As palavras mais importantes da passagem são também as mais curtas: *Eu*, *meu*, *eu e meu povo*, *destruição*, *morte*, *se apenas*, *vendidos*.

Ester, rainha da Pérsia, se revelou como Ester, a judia, e associou o destino dela ao destino de seu povo. Silêncio total na sala. Sem dúvida a mente do rei estava a mil por hora enquanto tentava ligar os pontos. "Alguém tramou a morte dos judeus? E você é judia? Alguém tramou para matar minha rainha?"

> "Quem é ele e onde está? Quem se atreveu a uma coisa dessas?" Ester respondeu: "Nosso inimigo e adversário é este perverso Hamã!" Então Hamã se encheu de pavor diante do rei e da rainha (Ester 7:5-6, NCV).

Hamã, agora com meio metro de altura, começou a estremecer. Não havia o que fazer. A taça, com seu queixo, desabou no chão.

Xerxes saiu da sala furioso, encolerizado, soltando fogo pelas ventas. Estava com ódio de Hamã por tê-lo enganado e com ódio de si mesmo por se deixar enganar.

Hamã empalideceu na hora. E, a menos que agisse rapidamente, seu corpo inteiro em breve se tornaria pálido. Desesperado, atirou-se à misericórdia de Ester; literalmente se jogou sobre ela no sofá. Nesse momento, Xerxes retorna à sala e vê Hamã apalpando a rainha. Hamã, que se dispôs a matar um judeu por não se curvar em sua presença, foi pego se curvando diante de uma judia. E a ironia ainda não acabou.

Nosso Deus é um Deus justo. Nada escapa à atenção dele. Ninguém escapa à atenção dele. O perverso não prevalecerá.

Rapidamente os guardas colocaram um saco na cabeça de Hamã e o prenderam (Ester 7:8). Um guarda olhou pela janela e viu a estaca de 20 metros. "Majestade, se me permite uma sugestão..." Xerxes consentiu com a cabeça e Hamã engoliu a seco.

Embora a história de Ester ainda não esteja resolvida (a saber, o decreto irrevogável autorizando a morte dos judeus), precisamos salientar aqui um tema muito importante do livro.

Nosso Deus é um Deus justo.

Nada escapa à atenção dele. Ninguém escapa à atenção dele. O perverso não prevalecerá.

Belsazar, que se tornou rei da Babilônia em 539 a.C., aproximadamente 53 anos depois do reinado de Xerxes, verificou pessoalmente essa verdade.

Em um banquete fatídico, Belsazar convidou mil pessoas dentre sua nobreza para se juntarem a ele em uma comemoração. Diz-se que a sala em que ocorreu a festa tinha aproximadamente 500 metros de largura por 1.500 metros de comprimento. "Parte das paredes era composta por 4.500 pilares em forma de elefantes gigantes."[2] Havia música, comilança e, como você já deve ter adivinhado, muito vinho.

> Enquanto Belsazar bebia seu vinho, deu ordens para trazerem as taças de ouro e de prata que seu pai Nabucodonosor havia tomado do templo em Jerusalém, a fim de que o rei e seus nobres, suas mulheres e suas concubinas pudessem beber nessas taças. Então trouxeram as taças de ouro que tinham sido tomadas do templo de Deus em Jerusalém, e o rei e seus nobres, suas mulheres e suas concubinas beberam nessas taças. Enquanto bebiam o vinho, louvaram os deuses de ouro, de prata, de bronze, de ferro, de madeira e de pedra (Daniel 5:2-4).

Quando o exército de Nabucodonosor saqueou e destruiu o templo cinquenta anos antes, tomou tudo que havia de valor, incluindo a menorá, o altar de incenso, a mesa dos pães sagrados e muitas jarras e bacias. Esses utensílios permaneceram intocados em um depósito por meio século até Belsazar ordenar que fossem trazidos para servirem de taças de vinho em sua festa.

Mas por quê? Porventura não havia mais taças para beber? A lavadora de louça estava quebrada? Os funcionários da cozinha estavam em greve? Não. A razão era uma só: o rei desejou blasfemar contra o Deus de Israel, tirar sarro de Jeová. Para isso, usou os utensílios sagrados em uma comemoração pagã repleta de embriagados. Em meio ao ápice da festa, uma mão misteriosa apareceu do nada.

> De repente apareceram dedos de uma mão humana que começaram a escrever no reboco da parede, próximo ao candeeiro do palácio real. O rei observou a mão enquanto ela escrevia. Seu rosto empalideceu e ele ficou tão assustado, que suas pernas enfraqueceram e seus joelhos batiam (Daniel 5:5-6).

Imagine a cena: uma mão suspensa no ar ao lado de um candeeiro. De repente, um dedo começa a escrever uma mensagem no reboco da parede. Silêncio total no salão. Belsazar começa a estremecer e cai da cadeira. Seu escárnio se transforma em espanto. Sua gargalhada, em lamúria. Tudo que ouve agora é seu coração batendo como se fosse um martelo.

Nenhum dos participantes foi capaz de decifrar a mensagem. Belsazar ordena que sejam trazidos seus astrólogos e adivinhadores. "Interpretem a mensagem", declara, "e se tornarão ricos e poderosos!", mas nenhum deles fazia a menor ideia do que se tratava.

A rainha ouviu a agitação e veio até a sala. Quando encontrou o rei, disse:

> "Não se assuste! Não fique tão pálido! Existe um homem em teu reino que tem o espírito dos santos deuses. [...] Manda chamar Daniel, e ele te dirá o significado da escrita" (Daniel 5:10-12).

Ordenou-se a presença de Daniel, que a essa altura tinha os cabelos grisalhos e as costas levemente curvadas pelos anos, porém uma mente e uma fé afiadas e fortes como aço. Belsazar ofereceu dinheiro e poder a Daniel, que os recusou. Em seguida, Daniel lembrou a respeito de como Deus havia castigado o pai de Belsazar por meio de uma temporada de insanidade, à qual Belsazar deveria ter prestado atenção.

> "Mas tu, Belsazar, filho dele, não se humilhou, embora soubesse de tudo isso. Ao contrário, você se exaltou acima do Senhor dos céus. [...] Por isso ele enviou a mão que escreveu a inscrição. Esta é a inscrição que foi gravada:
>
> MENE, MENE, TEQUEL, PARSIM.
>
> E este é o significado dessas palavras:
>
> *Mene*: Deus contou os dias de teu reinado e determinou seu fim.
>
> *Tequel*: foste pesado na balança e achado em falta.
>
> *Peres*: teu reino foi dividido e entregue aos medos e persas".
>
> Naquela mesma noite, Belsazar, rei dos babilônios, foi morto, e Dario, o medo, se apoderou do reino com a idade de sessenta e dois anos (Daniel 5:22-31).

No exato momento em que Daniel estava explicando a profecia, o exército medo-persa rastejava por galerias de água subterrâneas em preparação para tomar a cidade em um ataque tão rápido e avassalador, que Belsazar nem sequer percebeu. A poderosa Babilônia caiu, Belsazar foi morto e nós, leitores, nos deparamos com um fato importantíssimo: nosso Deus é um Deus justo.

"Atente, portanto, para a bondade e a severidade de Deus" (Romanos 11:22, KJV). Bondade *e* severidade. Não é possível escolher uma em detrimento da outra. Deus é bom, mas também é severo.

Raramente comentamos a respeito desse atributo do nosso Pai. Sua bondade é mencionada com frequência, seu perdão é tema de muitos sermões e sua misericórdia é exaltada em incontáveis hinos.

Entretanto, que dizer de canções que falam de sua ira e contemplam o dia do julgamento? Pouquíssimas.

Em contrapartida, a Bíblia não é tímida a respeito desse assunto. Por curiosidade, comparei a quantidade de referências bíblicas entre esses dois temas e verifiquei que a ira de Deus é mencionada mais 150 vezes, enquanto sua misericórdia é referida 32 vezes.[3] Sim, é muito apropriado proclamar a bondade de Deus, porém é um erro desconsiderar sua justiça. Deus é misericordioso com aqueles que confiam nele, porém severo com todos que o desobedecem.

Sim, é muito apropriado proclamar a bondade de Deus, porém é um erro desconsiderar sua justiça.

Para alguns, é uma palavra de advertência. Não pense nem por um momento que Deus ignora desobediências e maldades. "Ele julgará todos de acordo como agiram" (Romanos 2:6, NLT). O adultério de hoje é o divórcio de amanhã. A indulgência de hoje é o vício de amanhã. A desonestidade de hoje é a perda do emprego amanhã. Acima de tudo, aqueles que rejeitam Deus nesta vida serão por ele rejeitados no porvir.

Em contrapartida, pode ser uma palavra de consolo para outros. Há muitos Hamãs tentando se infiltrar em nossa vida. Quando conseguem, o calendário salta para o inverno e ventos gelados começam a soprar. "Será que Deus sabe o que esses Hamãs estão fazendo?", nos perguntamos. "Será que ele se importa com meu sofrimento? Será que os Hamãs da vida serão castigados?"

Emprestando as palavras do salmista: "Ó Senhor, até quando ficarás olhando?" (Salmo 35:17, GV), ou de Jeremias: "Por que o caminho dos ímpios prospera?" (Jeremias 12:1), perguntamos: os perversos não sofrem as consequências de seus atos? Tiranos escapam ilesos? Hamãs, Hitlers, espancadores e mercenários fazem o que bem entendem e escapam impunes?

A resposta da Bíblia é um sonoro *não*! Deus "estabeleceu um dia em que julgará o mundo" (Atos 17:31). Sabe aquele sujeito que se aproveitou de você? Aquele político que roubou verba destinada aos pobres? Deus sabe. E que dizer de intolerantes ranzinzas? Misóginos estupradores? Valentões sádicos? Ele também conhece todos esses.

Tá, mas e quanto aos inocentes? Quantos milhões sofreram nas mãos de exploradores, em campos de trabalhos forçados ou se tornaram vítimas de tráfico sexual? Sim, Deus também está ciente. "Deus é juiz justo e ele se enfurece com o perverso todos os dias" (Salmos 7:11, NKJV).

A indignação santa de Deus está em ebulição e o chamado dele para mim e para você é claro e direto: *Participe*! "Quem tapa os ouvidos ao clamor do pobre também clamará e não será ouvido" (Provérbios 21:13).

"Deus, faça alguma coisa!", imploramos. "Mas eu já fiz. Criei você", responde ele.

"Deus, faça alguma coisa!", imploramos. "Mas eu já fiz. Criei você", responde ele.

O profeta Isaías viveu em uma época em que a injustiça e a imoralidade eram coisas comuns. "Não se encontra a verdade em parte alguma e quem se afasta do mal se torna vítima. O SENHOR olhou e se indignou com a falta de justiça. Ele viu que não havia ninguém, se horrorizou que não havia ninguém para interceder" (Isaías 59:15-16).

Não era suficiente o povo de Deus desejar justiça. Deus chamou seu povo para ser criador de justiça.

> "Eis o tipo de jejum que desejo:
> quebrar as correntes da injustiça,
> acabar com a exploração no trabalho,
> libertar os oprimidos,
> cancelar as dívidas.
> Eis o que desejo que você faça:

compartilhe seu alimento com o faminto,
convide o pobre desabrigado para sua casa,
vista o maltrapilho que treme de frio,
esteja disponível para sua própria família.
Faça isso e as luzes se acenderão,
e em sua vida haverá uma reviravolta no mesmo instante.
Sua retidão pavimentará seu caminho.
O Deus de glória garantirá sua jornada.
Então, quando você orar, Deus responderá.
Você clamará por ajuda e eu direi: "Aqui estou"
(Isaías 58:6-8, A Mensagem).

A justiça prevalece na mesma proporção em que assimilamos a integridade de Deus. Quando você ensina uma criança deficiente a andar ou a ler, quando ajuda um idoso que enxerga mal ou que perdeu a memória, quando se mobiliza para ajudar os marginalizados ou oprimidos, você está realizando algo que prosseguirá no mundo porvir. É muito bacana restaurar uma obra de arte, um carro antigo ou uma casa deteriorada. Entretanto, restaurar a dignidade humana é um ato sagrado. Exatamente o que Charles Mulli está fazendo.

Charles é o filho mais velho de dez irmãos que moravam em uma vila no município de Machakos, no Quênia. Ele cresceu na pobreza e com um pai violento. Aos seis anos, foi abandonado por sua família na casa de uma tia. Charles sobreviveu mendigando de casa em casa e de vila em vila. Amargurado pelo abandono e pelos maus-tratos de seu pai, pensou em cometer suicídio. A redenção veio na forma de um convite para visitar uma igreja. Aos 18 anos, Mulli encontrou Jesus e, depois de entregar sua vida a ele, encontrou forças para mudar sua situação.

Charles andou setenta quilômetros até Nairóbi e começou a bater de porta em porta em busca de trabalho. Acabou contratado para fazer serviços gerais na casa de um empresário bem-sucedido. Revigorado por seu novo começo, galgou degraus até chegar à gerência da empresa

É muito bacana restaurar
uma obra de arte,
um carro antigo ou
uma casa deteriorada.
Entretanto, restaurar a
dignidade humana é um
ato sagrado.

de seu patrão. Com o tempo, abriu o próprio negócio, uma empresa de transporte chamada TransMulli, que operava na capital e nos vilarejos ao redor. O sucesso o seguia por toda parte. Além de expandir seus negócios para o ramo de petróleo, gás e imóveis, mais tarde adquiriu 20 hectares de terra na região de Ndalani, com o objetivo de se aposentar ali futuramente.

Certo dia, deparou-se com uma reviravolta durante uma viagem de negócios. Ao estacionar o carro, um grupo de crianças de rua se ofereceu para vigiar o automóvel em troca de algum dinheiro. Charles recusou a oferta. Quando retornou, seu carro havia desaparecido. Sentado no ônibus que o levava para casa, sentiu um grande pesar – não por causa do furto, mas por decepção consigo mesmo. Ele havia se esquecido de sua origem humilde e ignorado aquelas crianças. Afinal de contas, elas eram exatamente como ele no início!

O episódio pesou em sua consciência por três anos até que em novembro de 1989, aos quarenta anos, deixou sua empresa e passou a resgatar crianças de rua. "Você nunca mais deixará meus filhos sofrerem", ele ouviu de Deus. "Você precisa resgatá-los e se tornar pai dos órfãos". Embora tivesse oito filhos próprios, ele e sua esposa adotaram três crianças de rua. Seis anos depois já cuidavam de trezentas crianças. Enquanto escrevo estas palavras, ele mantém seis casas que prestam cuidados a aproximadamente 3,5 mil crianças, com mais de 23 mil crianças atendidas desde o início.

"Fui à rua com um único propósito: resgatar crianças", explicou Charles. "Toda criança precisa de alimento, amor, abrigo, educação, proteção, [e] um futuro bom e cheio de esperança. Quem as alcançará com o amor de Cristo? Eu era uma dessas crianças perdidas".[4]

Charles se tornou parte da solução.

Quando participamos, quando andamos de mãos dadas com Deus, a justiça respira fundo e a opressão se esconde nos cantos.

Em verdade, já se aproxima o dia em que Deus ajustará as contas com o mundo. A glória do novo reino será marcada por prosperidade e justiça. No mundo do futuro não haverá necessidade de missões de resgate, programas de assistência social, abrigos para pessoas de rua ou grupos de ajuda humanitária. Isso é promessa de Deus:

> Chega de construir casas
> para que algum estrangeiro a ocupe,
> Chega de plantar lavouras
> para que algum inimigo a confisque,
> Pois meu povo viverá tanto quanto as árvores,
> e meus escolhidos terão satisfação em seu trabalho.
> Não trabalharão sem ter nenhum resultado para mostrar,
> não terão filhos arrancados do colo.
> Pois eles mesmos são plantações abençoadas por DEUS,
> com seus filhos e netos igualmente abençoados por DEUS
> (Isaías 65:22-23, A Mensagem).

Até lá, disponha-se a buscar a justiça ao lado de Deus. O socorro virá. E podemos participar desse socorro. Proteja os oprimidos, defenda os pobres, lembre-se dos esquecidos e, ao fazê-lo, desfrute a aprovação de Deus.

No final das contas, é dever de todos nós silenciar, em amor e bondade, os Hamãs do mundo. Quando você defende os esquecidos e protege os oprimidos, a justiça tem uma chance de prosperar e Satanás tem um ataque de pânico. Ele nem sequer consegue olhar pela janela, pois foi reduzido a apenas meio metro de altura.

*Capítulo 9*

# O DEUS DAS GRANDES REVIRAVOLTAS

Dália é uma missionária cristã que trabalha entre islamitas em seu próprio país. Cristãos não são bem-vindos por lá. Por essa razão, não revelarei seu nome verdadeiro nem o de seu país, mas a história dela vale a pena contar.

Dália semeia em solo rochoso. Após décadas de serviço, viu pouquíssimos convertidos, dentre eles uma mulher que conheceu dez anos atrás e a quem chamarei de Ayesha. Naquela época, eram duas solteiras (Dália era viúva e Ayesha nunca havia se casado) que se conheceram em um curso de corte e costura. Ambas fizeram amizade em poucos meses e Ayesha se tornou, em segredo, amiga de Jesus Cristo.

Ayesha estava em fase de amadurecimento na fé e de aprofundamento de suas raízes espirituais quando se apaixonou. Seu pretendente era incrédulo e não sabia que ela era cristã. Ayesha tinha medo de contar. Conforme comentou com Dália, havia tão poucos cristãos em seu país, que provavelmente jamais teria uma família se optasse por aguardar até encontrar um homem cristão. Ayesha recusou a recomendação de Dália e aceitou a proposta de casamento de seu noivo.

Todavia, prometeu que leria a Bíblia todos os dias. "Vou escondê-la em um lugar que ele não vai encontrar". E assim fez: casou-se com seu marido islamita e escondeu sua Bíblia cristã.

Alguns meses depois do casamento, Dália teve um sonho em que Deus lhe pediu que falasse de Jesus ao marido de Ayesha. Dália acordou suando frio. Ela não podia fazer uma coisa dessas! Para começar, a cultura patriarcal em que vivia não permitia à mulher iniciar uma conversa com um homem, especialmente um homem casado. Além disso, sempre havia o medo da perseguição pelo islamismo. Caso revelasse sua fé, correria sério risco de morte.

Apesar disso, Deus havia dado a ordem. Dália contou à Ayesha a respeito do sonho. E, a exemplo de Ester, ambas bolaram um plano.

Dália chamou o casal para um jantar. Durante a refeição, convidou-os para assistir a um filme norte-americano a respeito de Jesus. Para alívio de ambas, o marido entendeu que não havia problema nenhum. Marcaram então uma data para assistir ao filme na casa dele. Dália e Ayesha oraram por muitos dias.

Chegado o dia fatídico, Dália tomou coragem e partiu para a casa de sua amiga. Depois do jantar, sentaram-se para assistir ao filme *Jesus* (1979), que, por se tratar de uma das ferramentas evangelísticas mais efetivas de todos os tempos, foi traduzido para mais de 1.600 línguas faladas em todo o mundo, incluindo o dialeto de Dália e de seu casal de amigos.

Durante o filme, Dália observava discretamente o marido de Ayesha em busca de alguma pista do que ele estava pensando, mas o homem não demonstrou nenhuma reação. Terminado o filme, os três se sentaram em silêncio. Depois de uma longa pausa, ele se levantou e foi até o quarto ao lado. Ambas se entreolharam, sem saber como reagir. Ele ficou zangado? Vai sair para algum lugar? Elas não sabiam o que fazer. Então ele retornou com a Bíblia que Ayesha havia escondido.

— Sei que você tem lido este livro — declarou.

As duas quase desmaiaram. Para surpresa delas, ele acrescentou:

— Eu também o li. Há algum tempo venho lendo a respeito deste Jesus e gostaria de saber mais sobre ele.

Os olhos de Dália se encheram de lágrimas e o coração de Ayesha se encheu de esperança. Com o tempo, seu marido se tornou cristão; hoje ambos educam seus filhos para que conheçam Jesus.[1]

Em um piscar de olhos, Ayesha passou por uma reviravolta em sua vida. Mais uma vez somos lembrados de que não existe circunstância tenebrosa demais, nem situação difícil demais ou problema grave demais no qual Deus não possa intervir, mudando ou revertendo o curso dos acontecimentos. Não é essa a mensagem que percebemos na história de Ester?

O capítulo 9 de Ester se inicia com estas palavras:

> No décimo terceiro dia do décimo segundo mês, o mês de adar, o decreto do rei deveria ser executado. Nesse dia os inimigos dos judeus esperavam vencê-los, mas então *o jogo virou* e os judeus estavam em vantagem contra aqueles que os odiavam (Ester 9:1, ênfase do autor).

De acordo com outras traduções:

> "Aconteceu exatamente o oposto" (GW).
> "Houve uma reviravolta" (ESV).
> "O plano virou do avesso" (BSB).
> "Acabou acontecendo o contrário" (NASB).

Há muitas maneiras de traduzir, porém a promessa é uma só: Deus é o Deus das reviravoltas.

Toda boa história traz ao menos uma reviravolta. Todo bom filme traz um momento em que o expectador faz aquela cara de *por essa eu não esperava*. Bons escritores são peritos na arte de redirecionar o arco da narrativa, isto é, de levar o leitor a imaginar determinada conclusão para, em seguida, apresentar outra completamente diferente.

O que aconteceu no caso de Ester? Deus amoleceu um coração duro.

> Naquele mesmo dia o rei Xerxes deu à rainha Ester todas as propriedades de Hamã, inimigo dos judeus. E Mardoqueu foi trazido à presença do rei, pois Ester havia dito que era seu parente (Ester 8:1).

Lembre-se de que estamos falando de Xerxes, que com um mero aceno de mão poderia trocar de rainha e com uma mera carimbada de seu anel poderia exterminar todo um povo. Caso virasse o polegar para cima, vida. Mas se virasse para baixo? Ninguém apostaria em uma resposta bondosa dele. Entretanto, havia um rei mais poderoso operando nos bastidores.

> [Xerxes] tirou seu anel de sinete, que havia recuperado de Hamã, e o deu a Mardoqueu. E Ester o nomeou para administrar as propriedades de Hamã (Ester 8:2).

O anel que adornava a mão de Hamã agora adornava a de Mardoqueu, presenteado pelo rei. Reviravolta atrás de reviravolta. Não obstante todas essas coisas boas, ainda havia algo terrível no horizonte.

> Ester tornou a implorar ao rei e atirou-se aos seus pés, chorando. Ela implorou que interrompesse o plano maligno de Hamã, o agagita, o qual ele havia tramado contra os judeus (Ester 8:3).

O povo de Ester corria perigo, pois ainda estava sujeito à sentença de morte. Ora, a lei era irrevogável, e nem Xerxes tinha autoridade para desfazê-la. A maioria das sociedades modernas tem liberdade para revogar leis desfavoráveis. Para os antigos persas, porém, o rei era considerado um deus, de modo que uma ordem sua jamais poderia ser revogada, mesmo que o próprio rei desejasse alterá-la! (Sim, muito esquisito.)

Talvez você esteja enfrentando uma situação semelhante. Talvez esteja diante de um muro intransponível ou de um desafio impossível.

Nesse caso, você vai delirar com o que aconteceu em seguida.

Xerxes decretou uma emenda à lei. "Escrevam agora outro decreto em nome do rei, em favor dos judeus", disse ele à Ester e Mardoqueu, "conforme parecer melhor a vocês, e o selem com o anel de sinete do rei, pois nenhum documento escrito em nome do rei e selado com seu anel pode ser revogado" (Ester 8:8).

Uma gambiarra! Uma vez que a lei dos medos e dos persas jamais poderia ser alterada, Xerxes escreveu outra concedendo "aos judeus de cada cidade o direito de se reunirem e de se protegerem" (Ester 8:11, NASB).

Esse decreto foi enviado no terceiro mês (8:9), de modo que os judeus tiveram nove meses para se preparar. No exato dia em deveriam morrer, desferiram um golpe contra o império antissemita e mataram 75 mil pessoas nas províncias do rei. O terror de Hamã foi neutralizado, sua família foi destruída e Mardoqueu foi empossado primeiro-ministro da Pérsia.

Algumas páginas atrás, Hamã havia convencido o homem mais poderoso do mundo a decretar a morte de todos os judeus e o confisco de seus bens. O final do capítulo três não poderia ter apresentado uma perspectiva mais desanimadora.

Hamã, pomposo e de coração duro.

Xerxes, absorto e desconectado da realidade.

E todos os filhos e filhas de Abraão com a cabeça a prêmio. Fanatismo, ódio, xenofobia, ganância... forças que se revelariam vitoriosas no final das contas. Ou assim parecia, até o momento da *peripécia*.

Quando precisar de um sinônimo para *reviravolta*, tente *peripécia*, um recurso literário para se referir a uma alteração de curso na narrativa. É aquele momento em que você, já passado da hora de dormir, continua lendo o livro, porque não consegue acreditar no rumo que a história tomou.

No caso de Ester: Mardoqueu encontra coragem e se recusa a se curvar; Ester jejua por três dias e toma coragem; Ester conta ao rei o que Hamã intencionava fazer; Hamã, braço direito do rei, vira churrasco no espeto; Mardoqueu, trajado de pano de saco, é vestido com um manto real; o povo de Deus sai de Ester 4:3 para Ester 8:16.

Se outrora "houve grande pranto entre os judeus, com jejum, choro e lamento. Muitos se deitavam em pano de saco e em cinza" (Ester 4:3), agora o povo de Deus vive "uma ocasião de felicidade, alegria, júbilo e honra" (Ester 8:16).

Você está vivendo no capítulo quatro de Ester? Seus dias são marcados por tristeza, choro, jejum e lamento? A promessa de reviravolta parece distante, inalcançável?

Talvez você esteja enfrentando uma doença. Talvez sua alegria tenha se transformado em tristeza. Talvez esteja vivendo à sombra de um Hamã. Você tem um chefe bruto e egoísta? Os políticos de seu município vivem fora da realidade? Seu parceiro de casamento já não é mais a mesma pessoa com quem você se casou? Sua cor de pele é desprezada onde você vive?

As dificuldades da vida deixaram você esgotado e sem saber para onde correr. Depois de tantas decepções, hoje você vive exausto, quase se arrastando.

Se essa é sua vida, sinto muito. De verdade. Sem dúvida, é uma desgraça viver desse jeito. Entretanto, peço encarecidamente, com todas as minhas forças, que não caia em desespero, pois a anaconda da desesperança espremerá até a última gota de vida que há em você. Você não pode desistir, simplesmente não pode. Há muita coisa em jogo.

A Bíblia convida você a crer que a peripécia está a caminho.

- Abraão e Sara foram dormir velhos e estéreis e acordaram grávidos e de olhos arregalados. Peripécia.
- José foi dormir como prisioneiro egípcio e, na noite seguinte, foi dormir como primeiro-ministro do Egito. Peripécia.
- De um momento para o outro o mar Vermelho mudou de instransponível para totalmente transitável. Peripécia.

- Josué rodeou sete vezes a cidade de Jericó. Na penúltima volta o muro estava em pé. Na volta seguinte, totalmente destruído. Peripécia.
- Golias desafiou Israel por quarenta dias até Davi colocar uma peripécia em seu estilingue e atirá-la contra o gigante, que veio abaixo em um piscar de olhos.
- Centenas de profetas de Baal tiravam sarro de Jeová, até Elias orar e o céu enviar uma peripécia de fogo.
- Leões famintos desejavam devorar Daniel em um momento, porém no momento seguinte nem sequer conseguiam abrir a boca, amordaçada por uma peripécia divina.

Percebeu o ritmo? Para Deus, nenhum roteiro é previsível, nenhum enredo é inevitável, nenhum desfecho é garantido. Ele pode, a qualquer momento, mudar completamente o rumo da história. Ora, veja o que aconteceu em uma estrebaria em Belém. Quem poderia ter imaginado tal coisa? Ou melhor, quem poderia ter imaginado tal *homem*? Deus adormecido em uma manjedoura e ainda úmido do ventre de Maria. Em um momento, sustentador de todo o universo. No momento seguinte, agarrado aos dedos de Maria.

Este é o Deus das grandes reviravoltas.

A maior dessas reviravoltas ocorreu em um cemitério nos arredores de Jerusalém. Jesus, o Cristo, se tornou um cadáver, um defunto sem pulsação, sem respiração, sem esperança, mais enfaixado que uma múmia egípcia e morto há três dias em uma sepultura emprestada. Enquanto isso, seus inimigos brindavam a um Messias morto. Seus seguidores, embora não dispersos pelas províncias da Pérsia, estavam escondidos atrás de sofás e muros por todo canto em Jerusalém, todos apavorados com o fantasma da cruz que os chamava pelo nome. O mundo deles havia acabado. Já não havia esperança nenhuma.

Eles haviam abandonado tudo para seguir Jesus. Quem era pescador abandonou a rede, quem era cobrador de impostos abandonou a

Para Deus, nenhum
roteiro é previsível,
nenhum enredo é
inevitável, nenhum
desfecho é garantido.

mesa. Ao que parece, Jesus pagou a eles na mesma moeda, porquanto também os abandonou. Bastaram três pregos e uma cruz para acabar com a luz do mundo, ou assim parecia. O Salvador da humanidade não foi capaz de se salvar, ou assim parecia. A esperança do céu não passava de uma grande enganação. Redentor, pois sim. Que piada. Jesus, Filho de Deus, havia caído nas garras do diabo, deste Hamã do inferno. Ou assim parecia.

No momento em que tudo parecia perdido, peripécia! Seu coração voltou a bater, seus olhos se abriram e suas mãos perfuradas se mexeram. De um salto, Jesus se ergueu e fincou o calcanhar na cabeça de Satanás.

Nesse momento, "o jogo virou".

"Aconteceu exatamente o oposto."
"Houve uma reviravolta."
"O plano virou do avesso."
"Acabou acontecendo o contrário."

Independentemente da forma de escrever, a notícia daquela manhã de Páscoa é a mesma: "[Cristo] não está aqui! Ele ressuscitou, conforme disse que aconteceria. Venham, vejam onde seu corpo estava" (Mateus 28:6, NLT). O Deus das grandes reviravoltas realizou sua maior façanha.

Quem pode afirmar que Deus não tem uma reviravolta reservada para você? Não se deixe enganar pelos contratempos da narrativa. Não se desespere com a prosperidade do perverso ou com o aparente sucesso dos Hamãs deste mundo. Antes, concentre-se no autor de sua salvação.

Nenhum indivíduo, instituição, organização, sociedade ou país está fora de alcance da influência de Deus. Repito, ninguém está fora de alcance de sua mão soberana. "O Senhor dirige os pensamentos do rei. Ele os conduz para onde quer" (Provérbios 21:1, TLB).

Gostaria de convocar Vinh Chung para testemunhar a respeito dessa verdade. Chung, sempre de olhos negros cintilantes e um sorriso no rosto, tem um corpo avantajado, que o serviu muito bem no Arkansas, onde jogou futebol americano durante o Ensino Médio, e na Austrália, onde jogou rúgbi. Dono de um currículo invejável, Chung se formou em dermatologia em Harvard e recebeu muitas premiações acadêmicas. Apesar disso, seu testemunho é importante não em razão de sua situação atual, mas das coisas que enfrentou aos três anos.

> Aos três anos, minha família foi forçada a deixar o Vietnã. [...] Em julho de 1979, minha família estava quase morta de desidratação em um barco de pesca à deriva e abarrotado com 93 refugiados no meio do mar do Sul da China. [...] Chegamos a este país [Estados Unidos] apenas com as roupas do corpo e incapazes de falar uma única palavra em inglês. Hoje temos em nossa família 21 títulos universitários. [...] Como chegamos até aqui é uma história e tanto.[2]

Vinh Chung nasceu no Vietnã do Sul, apenas oito meses depois de o país ser tomado pelo regime comunista, em 1975. A família dele era muito rica, proprietária de um império de moagem de arroz que faturava milhões de dólares. Entretanto, perderam tudo poucos meses após os comunistas tomarem o poder. Tiveram os negócios confiscados e foram expulsos da própria casa.

> Quem pode afirmar que Deus não tem uma reviravolta reservada para você?

Ciente de que seus filhos não teriam um futuro sob o novo regime, a família Chung decidiu fugir do país. Em 1979, juntaram-se à embarcação lendária e partiram para o mar do Sul da China, já cientes de que quase 200 mil vietnamitas haviam perecido em razão da violência das águas e do ataque de piratas.

Embarcaram em um bote caindo aos pedaços, com outros trezentos fugitivos. A vida a bordo era um horror: comida racionada, pouca água, náuseas constantes. Pegar no sono era quase impossível. Além disso, foram atacados por piratas tailandeses que saquearam o pouco que haviam conseguido trazer.

Eventualmente, alcançaram a costa da Malásia, porém foram impedidos de entrar no campo de refugiados. Militares malasianos bateram nos homens e arrastaram a família por muitos dias em meio à areia quente. A mãe de Chung quase pereceu em razão de um aborto espontâneo seguido de hemorragia. Depois de recusados em um segundo campo de refugiados, o governo da Malásia os embarcou em pequenos barcos de pesca, os levou até alto-mar e os abandonou à própria sorte.

Noventa e três pessoas espremidas debaixo de um sol escaldante e munidas de uma única garrafa de água de cinco litros. Somente as crianças recebiam uma tampinha de água para beber. O barco não tinha motor nem velas. Também não havia remos. O balançar das ondas lhes causava náuseas. Calor do sol, desidratação. O horizonte vazio não trazia nenhuma esperança.

No quinto dia de naufrágio, o sr. Chung fez algo que sua família jamais o havia visto fazer. Sentado com as pernas cruzadas, observou todos aqueles rostos famintos e desidratados. Então se levantou, foi até o meio do barco, ajoelhou-se e começou a orar. "Sei que existe um Deus Criador. Sei que tu nos criaste e não deseja que morramos dessa forma. Se o Senhor estiver ouvindo, por favor, mande chuva."

Em questão de minutos o céu escureceu e começou a chover. Nenhum raio, nenhum trovão, apenas chuva. O tempo deu uma trégua e a temperatura abaixou um pouco. Apesar disso, ainda estavam à deriva. No dia seguinte, o calor e o medo retornaram.

Embora não soubessem, o socorro estava a caminho.

Nunca me encontrei com Stan Mooneyham, mas conheço muito bem seu legado. Stan atuou como presidente da Visão Mundial (a maior agência humanitária do mundo) de 1969 a 1982. De acordo com os mais velhos, Stan era um sujeito incansável. Bastava ele ouvir acerca de alguém em dificuldade para se dispor imediatamente a ajudar. Foi exatamente o que fez quando ouviu a respeito da embarcação de refugiados.

A Visão Mundial fretou um navio militar de transporte, abasteceu-o com alimentos, água, combustível e medicamentos e zarpou da baía de Singapura. Na época em que resgataram o barco que transportava a família Chung, a operação *Seasweep* [Varredura do mar] já havia salvado centenas de refugiados no mar do Sul da China.

De acordo com Stan, o barco que transportava a família Chung não era capaz de aguentar nem mais um dia de viagem. Stan trouxe os refugiados para bordo e começou a tratá-los. A viagem de quatro dias até Singapura foi marcada por descanso, recuperação e estudo bíblico. O sr. Chung não era um homem religioso. Nesse caso, por que participou dos cultos? Porque desejava saber mais a respeito da razão para essa gente ter se disposto a resgatá-los enquanto o restante do mundo os ignorou.

A resposta de Stan: Jesus. Stan falou do amor, da compaixão e da bondade de Cristo pelos abandonados. Mais tarde, Vinh Chung escreveu:

> [Meu pai] de repente reconheceu que todos os acontecimentos aparentemente aleatórios em sua vida tinham um propósito [...] Naquele momento, meu pai sentiu que todo o seu passado havia naufragado no mar do Sul da China. Estava livre, perdoado. Sabia agora que o Deus Criador tinha um nome e um rosto, e compreendeu que jamais voltaria a ser o mesmo.[3]

A família Chung ainda tinha muitas dificuldades pela frente. Contudo, espero que os parágrafos acima sejam suficientes para demonstrar minha crença de que o Deus de Ester e de Mardoqueu está vivo e bem, continua ouvindo as orações dos refugiados e continua usando seus fiéis para socorrê-los.

Você precisa de socorro?

Você está disposto a socorrer alguém?

Em ambos os casos, continue orando, continue acreditando. Sua história de vida ainda não acabou. Tanto quanto é possível saber, você pode estar a um dia de distância de uma peripécia transformadora. Hoje mesmo talvez seja a noite em que Xerxes não conseguirá pegar no sono, desencadeando uma série de acontecimentos que transformarão sua vida para sempre. Reviravoltas acontecem.

Para isso, porém, você precisa continuar lutando. Foi o que fez Mardoqueu, Ester, Dália, Ayesha, Stan e a família Chung. Todos poderiam ter agido diferente, mas todos optaram pelo caminho da fé. E por terem agido dessa forma, houve uma reviravolta para melhor na vida deles.

Isso também acontecerá em sua vida, caro leitor. Pode ter certeza.

*Capítulo 10*

# O POVO DO PURIM

Em uma cidade chamada Enterprise, no Alabama, um enorme inseto repousa sobre a estátua de uma mulher grega que tem os braços de mármore estendidos para o alto, bem acima da cabeça, lembrando um pouco a Estátua da Liberdade. Entretanto, ao contrário de sua famosa contraparte, essa senhora do Alabama não segura uma tocha, mas um inseto. Na verdade, uma grande tigela com um besouro dentro, um bicudo-do-algodoeiro, pesando aproximadamente 25 quilos e com uma inscrição comemorativa ao lado: "Em homenagem ao bicudo-do-algodoeiro e por tudo que fez como Arauto da Prosperidade".

A estátua foi erigida em 1919, porém o besouro foi acrescentado trinta anos mais tarde. Quem se dispôs a homenagear um inseto feio como esse? Desde que chegou do México em 1892, essa praga tem causado prejuízos de mais de 23 bilhões de dólares à indústria algodoeira. Esse besouro se lança sobre os campos de algodão como um adolescente sobre uma pizza: uma bocada e já era. Por volta da década de 1920, o bicudo-do-algodoeiro já arrasava as plantações do Alabama, e não havia nada que fazer.

Nesse caso, por que homenageá-lo com uma estátua? A resposta a essa questão envolve um vendedor de sementes chamado H. M. Sessions, que percebeu a deterioração da fonte de renda da região e decidiu agir. Em 1916, em uma viagem pela Virgínia e pela Carolina do Norte, Sessions observou muitos campos de amendoim e foi informado de que o amendoim é impérvio ao bicudo-do-algodoeiro. Sessions retornou para casa com sementes de amendoim e as vendeu a C. W. Baston, que as plantou, faturou 8 mil dólares com a safra, saldou todas as suas dívidas e ainda conseguiu guardar algum dinheiro. A notícia se espalhou rapidamente. Fazendeiros começaram a embarcar nessa onda e a desembarcar na frente dos bancos. Em 1919, ano em que o bicudo-do-algodoeiro causava seu pior estrago, o município de Coffee County, no Alabama, já era o maior produtor de amendoim do país.[1]

Falemos agora do bicudo em sua vida, caro leitor. Muitos bichos têm infestado sua história – pragas desagradáveis sem dúvida nenhuma, verdadeiros canalhas da ladroagem. Como ousaram se refestelar em sua colheita? Hoje nada mais resta em sua vida senão armazéns vazios e pensamentos repletos de indagações. Que fazer? Como sair dessa situação?

Permita-me acrescentar mais uma indagação: e se essas pragas forem uma bênção? Não há dúvida de que o bicudo causou estragos gigantescos. Apesar disso, sem ele não haveria colheita de amendoim. Em outras palavras, sem desafio não há vitória. Não é possível alcançar o topo sem escalar a montanha. Onde não há revés, não há reviravolta. E reviravolta é justamente o que você precisa. Sim, estou dizendo exatamente o que você está pensando: os bicudos da vida nos tornam pessoas melhores.

Esse é o lema da história de Ester.

Os judeus, outrora jubilosos habitantes de Israel, foram espalhados como folhas secas em uma ventania de inverno. Perderam seu templo, suas terras e sua liderança. Onde estavam os Josués? Os Davis? Os Elias? Em parte alguma. O povo de Deus vivia como peixinhos abandonados no imenso mar que era a Pérsia.

E que dizer da Pérsia? Era governada por um rei brucutu e por um chefe de gabinete sanguinário. Não bastasse isso, os únicos judeus proeminentes, Mardoqueu e Ester, haviam decidido manter segredo de sua nacionalidade.

O povo da aliança de Deus vivia um momento dificílimo, repleto de bicudos por toda parte, até que Mardoqueu e Ester começaram a plantar amendoim. Mardoqueu se posicionou contra Hamã, Ester arriscou sua vida, Hamã morreu em sua própria estaca, os judeus se armaram, derrotaram os persas e o dia da morte se transformou em dia de vitória. "[Xerxes] publicou um decreto que fez o plano de Hamã se voltar contra ele, e Hamã e seus filhos foram pendurados na forca" (Ester 9:25, TLB). Em seguida, "o judeu Mardoqueu foi o segundo depois do rei Xerxes, era importante entre os judeus e muito amado por todos os seus compatriotas, pois trabalhou para o bem de seu povo e defendeu o bem-estar de todos os judeus" (Ester 10:3).

Irromperam-se comemorações por toda parte. Um novo capítulo foi escrito na história do povo judeu. Ficou claro que podiam vivenciar sua identidade até no exílio e passaram a confiar no cuidado misterioso de Deus. Já não havia razão para esconderem sua nacionalidade. A fé podia ser um fator de influência. Mardoqueu, o homem do portão, se tornou Mardoqueu, o judeu da corte. Ester, a rainha calada, se tornou Ester, a heroína judia. A nação inteira experimentou um "restabelecimento do povo judeu em um fundamento totalmente diferente".[2] Foi uma espécie de reavivamento, uma renovação.

Para garantir que os judeus se lembrassem dessa ocasião, Mardoqueu e Ester decretaram uma comemoração anual.

> Mardoqueu registrou esses acontecimentos e enviou cartas a todos os judeus de todas as províncias do rei Xerxes, próximas e distantes, determinando que comemorassem anualmente os dias décimo quarto e décimo quinto do mês de adar como ocasião em que os judeus se livraram de seus inimigos e também o mês em que sua tristeza se transformou em alegria e seu pranto em dia de festa. Escreveu-lhes que observassem aquelas datas como dias de festa e de alegria, de troca de alimentos e de ofertas aos pobres (Ester 9:20-22).

O livro de Ester não se encerra com a vitória em batalha, mas com um chamado à rememoração. Da mesma forma que cristãos leem a história do nascimento de Cristo no Natal, os judeus leem a história de Ester na festa de Purim, feriado que deve ser comemorado depois da data marcada para a execução, como lembrete de que esse dia veio e passou, porém os judeus permaneceram.

O feriado de Purim é uma festa de arromba. Lembra um pouco um baile de carnaval. Há muita comida, bebida e trajes de fantasia. Durante a leitura da história, os espectadores esboçam reações. Menções ao nome de Hamã provocam vaias, assobios e gritaria. A ideia é silenciar totalmente seu nome na história.

"Em uma passagem controversa no Talmude, os judeus são instruídos a beber vinho [no dia de Purim] até não mais serem capazes de diferenciar 'amaldiçoado seja Hamã' e 'abençoado seja Mardoqueu'".[3] Não se recomenda essa prática na igreja.

Uma tradição mais razoável pede a preparação de *homenstasch*, uma bolacha triangular recheada com geleia. Nesse caso, a geleia no interior representa Deus escondido.[4]

Eis aí uma tradição que me agrada. É sempre uma boa surpresa morder um sonho e encontrar um recheio doce e saboroso. Gosto da ideia de que Deus está presente, de forma oculta e deliciosa, na história da redenção. Também aprecio o valor de uma festa em que pessoas de fé se lembram do dia e do modo como seu Deus prevaleceu.

O ser humano costuma se esquecer.

Costumamos nos esquecer de que Deus trabalha a nosso favor, e não contra nós, de que ele está perto, e não longe, de que não está dormindo, mas trabalhando. Não parece um caso de amnésia espiritual? Esquecemos de que Deus é capaz de extrair beleza das cinzas, alegria da lamúria, exércitos de um monte de ossos secos e regozijo do sofrimento. Precisamos de algo que chacoalhe nossa memória.

Uma das instruções mais importantes de Purim não falava de vinho nem de bolachas. Afinal, não havia nada disso disponível para eles. Na verdade, mal conseguiam ficar em pé. Sua congregação era formada por oitenta homens espremidos em uma choupana quase soterrada, todos atormentados por tifo e disenteria, todos vestindo farrapos sobre um corpo magérrimo e sobrevivendo com uma porção diária de pão e sopa. Não havia nenhuma esperança, nenhuma solução. Todos eram prisioneiros em Auschwitz.

Entre eles estava J. J. Cohen, um adolescente que vivia em um gueto polonês antes de ser levado para o campo de extermínio. Cohen sobreviveu ao holocausto e mais tarde se lembrou de um dia em que os prisioneiros comemoraram o Purim. Cada um tomou um pedacinho de batata e um de pão e os trocaram entre si, a fim de cumprir a tradição de ofertar comida uns aos outros. Coube ao jovem Cohen narrar a história de Ester.

> Quando li em voz alta a respeito da ruína de Hamã [...], uma faísca de esperança enterrada nas profundezas do coração de cada judeu se transformou em uma tocha flamejante [...]. Quando terminei, todos aplaudiram aos gritos. Por um breve momento, esquecemos a terrível realidade do campo de extermínio; a fome e o sofrimento desapareceram. Depois de colocar toda energia que me restava na leitura [da história], me sentei esbaforido, mas com o espírito nas alturas [...] E como um rio que transborda pelas margens, o clima de festa e a visão da redenção explodiram no coração quebrantado daqueles prisioneiros.[5]

Fecho os olhos e faço um esforço para visualizar aqueles homens esqueléticos. Inclino um ouvido na tentativa de escutar alguma alegria anêmica, porém triunfante, e me pergunto: "Que tipo de história é capaz de produzir esse tipo de atitude? Que narrativa tem o poder de alçar às alturas o espírito de homens semimortos?".

Acaso não precisamos de uma história como essa atualmente?

Em verdade, já temos uma.

A estratégia de Satanás para acabar com o Filho de Deus foi derrotada na cruz que ele mesmo havia preparado para Cristo. Você sabia que o diabo quis vomitar quando percebeu que a cruz, instrumento de morte, se transformou em instrumento de vida? Se Satanás soubesse que a morte do Messias significaria morte para ele e vida para nós, jamais teria crucificado Jesus.

Por essa, ele não esperava.

A fim de que jamais nos esquecêssemos desse momento, Jesus instituiu nossa própria comemoração de Purim, à véspera de sua crucificação:

> Jesus tomou do pão, deu graças, partiu-o e o entregou aos discípulos, dizendo: "Isto é o meu corpo que entrego em favor de vocês. Façam isto em memória de mim". Da mesma forma, depois da ceia, Jesus tomou o cálice e disse: "Este cálice é a nova aliança que Deus faz com seu povo. Essa nova aliança começa com meu sangue, derramado em favor de vocês" (Lucas 22:19-20, NCV).

Palavras preciosas para os cristãos, mas sem dúvida curiosas para os apóstolos. Corpo partido? Sangue derramado? Que benefício poderia surgir dessas coisas?

E a você, caro leitor? Porventura poderiam trazer algum benefício para seu mundo quebrado, sua fé capengante, seus sonhos partidos?

"Sim", declara Ester.

"Sim", exclama a Páscoa.

"Sim", diz o Purim.

"Sim", repete a Ceia do Senhor.

É isso que Deus promete.

Resta-nos apenas acreditar, isto é, tomar o cálice, aceitar o pão, receber a bolacha com sua doçura oculta.

Não desabe diante de más notícias. Não ceda às vozes do pânico e do caos. Não se deixe levar pelo desespero. Você tem um Deus bom que bolou um bom plano e o revelou em seu bom livro. A perplexidade e a crise de hoje são as conquistas de amanhã.

Uma amiga chamada Linda aceitou esse convite. Sua vida tem sido devastada por furacões de problemas. Ela foi criada em um lar sem nenhum afeto, na Pensilvânia. Sua mãe a colocara para fora de casa todas as manhãs com uma batata crua, uma caixa de fósforos e uma advertência: "Volte somente ao anoitecer". Linda e Nanci, sua irmã mais velha, brincavam o dia inteiro em um bosque nas redondezas; na hora do almoço, acendiam um fogo para cozinhar a batata, depois nadavam em um córrego e mais tarde retornavam para casa ao pôr do Sol. Certa noite, a mãe serviu para o jantar o coelho de estimação de Linda, frito e jogado de qualquer jeito sobre a mesa da cozinha.

A perplexidade e a crise de hoje são as conquistas de amanhã.

Linda não se lembra de ter recebido carinho de seu pai ou sequer de ouvi-lo pronunciar seu nome. Com muito custo, conseguiu completar os estudos, se formar em uma faculdade e se casar com um sujeito que se dizia chamado para trabalhar em missões no México. O casal se mudou para um lugar muito afastado e vivia em condições precárias. A vida de missionário até que ela conseguia encarar. A vida de casada, de modo nenhum. Seu marido era um homem raivoso e abusivo, a ponto de Linda temer por sua vida e pela vida de seus quatro filhos. Num belo dia de 1981, pegou seus filhos e tomou um ônibus para Arlington, no Texas, aonde chegou apenas com uma mala, sem nenhum dinheiro e com o número de telefone de uma amiga.

Linda encontrou um emprego de salário-mínimo e alugou um apartamento minúsculo. Nos primeiros três anos, dormia no chão enquanto seus filhos dividiam um colchão de segunda mão. Para economizar, pulava o horário de almoço. Enquanto outros almoçavam, ela continuava no expediente. Consequentemente, se tornou mais

Encare seus desafios como
verdadeiramente são,
oportunidades para Deus fazer
o que ele sabe fazer melhor:
virar a história de ponta-cabeça
e extrair vida da morte.

produtiva que seus colegas de trabalho. O gerente percebeu seu esforço e deu a ela mais horas extras e mais responsabilidades.

Aos poucos, começaram a sair da pobreza. Ela recebeu uma promoção no trabalho e eventualmente foi transferida para Houston, onde conheceu o projeto *Junior Achievement* [Empreendedorismo para juniores], uma organização que se propõe a auxiliar crianças a romper o círculo de pobreza por meio de educação e trabalho árduo. A partir daí, a história de Linda tomou outro rumo! Foi contratada pela organização e sua vida começou a prosperar. Com o tempo, tornou-se CEO da divisão das Américas e da Ásia-Pacífico. Era responsável por administrar o projeto em 55 países em cinco continentes. O projeto estima que Linda influenciou três milhões de vidas anualmente e que um total de 32 milhões foi transformado por meio de sua influência.

Apesar disso, Linda sofreu outro baque: Esclerose Lateral Amiotrófica, também referida como ELA. Essa doença, que também tirou a vida do meu pai, está acabando com o corpo dela, porém não com sua alegria. Linda ainda tem facilidade para sorrir e muito mais facilidade para agradecer a Deus por sua vida.

Perguntei a ela como conseguia enfrentar tudo isso sem amargura. A resposta dela é simples: “Quando você está sozinho, há apenas uma direção para olhar: o alto. As pessoas falharam comigo, mas Deus jamais falhou”.[6]

Sem dúvida, poderíamos usar um pouco da determinação dela, não acha?

Este é meu desafio para você: creia em Deus. Ouse crer. Encare o inverno de outra maneira. Encare seus desafios como verdadeiramente são: oportunidades para Deus fazer o que ele sabe fazer melhor: virar a história de ponta-cabeça e extrair vida da morte.

Bicudos-do-algodoeiro não são páreos para nosso bondoso Pai.

*Capítulo 11*

# VOCÊ FOI CRIADO PARA ESTE MOMENTO

Aos 12 anos, assumi a responsabilidade de cuidar da casa de vizinhos que saíram de férias. A ideia partiu deles, não de mim. Três famílias que moravam uma ao lado da outra planejaram se ausentar por um mês e precisavam de alguém para cortar a grama, alimentar os animais de estimação e aguar o jardim – enfim, alguém que ficasse de olho nas coisas enquanto estavam fora. Convidaram-me, portanto, para essa função. Mais especificamente, pediram ao meu pai que verificasse se eu estava disposto. Meu pai, contudo, não me pediu, me ordenou. Eu não tinha nenhuma intenção de aceitar a tarefa. Afinal, tinha muitos jogos de beisebol para participar, muitos passeios de bicicleta para fazer e também... uh, hum... bem, foram as únicas razões que consegui pensar no momento, mas nenhuma delas colou.

Quando me dei conta, estava diante de cada família escrevendo listas de afazeres para cumprir. Lembro-me de retornar para casa com um sentimento que até então jamais havia experimentado: opressão. Perdoe-me se meu sentimento nem sequer se compara ao seu. Lembre-se de que eu tinha apenas 12 anos. Você sabe o que é cortar grama, alimentar bichos e verificar portas de três casas por um mês inteiro? Uma família tinha um peixinho dourado como animal de estimação. Ora, eu jamais havia alimentado um peixe de aquário. Em minha mente, vi o coitado boiando de barriga para cima por falta (ou excesso) de comida.

De qualquer forma, era tarde demais para escapar da tarefa.

No primeiro dia da minha carreira involuntária, corri para casa depois do treino de beisebol, peguei a bicicleta e saí voando para o trabalho: três casas para cuidar, grama para cortar, trancas para verificar, bichos para alimentar, jardins para aguar. Coisa demais para um único ser humano.

Quando cheguei, deparei-me com o inesperado no exato momento em que estava prestes a descobrir o significado da expressão "ataque de pânico". Estacionada em frente à casa do meio estava uma enorme picape branca totalmente suja depois de um dia inteiro de trabalho nos campos de petróleo. Era meu pai. Uma das garagens estava aberta e havia um cortador de grama na entrada.

"Você corta a grama e eu coloco água nas plantas", disse ele.

De repente, a situação mudou por completo. As nuvens se dissiparam. Agora eu podia encarar a tarefa, porque meu pai estava encarando-a comigo.

Seu Pai deseja fazer o mesmo por você, caro leitor.

Dificuldades prolongadas podem ser perigosas para o coração humano. Tornamo-nos alvos fáceis para o desespero e a frustração. Retraímo-nos das pessoas, voltamos as costas para Deus e nos tornamos almas cínicas e amedrontadas. O desespero pode ser uma temporada de muitos perigos. Entretanto, também pode ser uma temporada de crescimento em que aprendemos a confiar em Deus, a ouvir sua Palavra e a buscar seu caminho.

A escolha é nossa. Contudo, a fim de nos ajudar a escolher o melhor caminho, Deus nos deixou a história maravilhosa e turbulenta de Ester. Antes de encerrar nossa conversa, permita-me relembrar a passagem mais importante do livro. Mardoqueu se despiu de seu disfarce persa. Temendo pelo destino de seu povo, caiu em grande angústia, vestiu-se de pano de saco e cinzas e implorou pela intercessão de Ester.

Ester se opôs. Ousaria arriscar a vida e implorar diante do caprichoso Xerxes? A resposta de Mardoqueu é surpreendentemente sábia.

> Se você permanecer calada nesse momento, socorro e livramento para os judeus virão de outro lugar, porém você e a família de seu pai morrerão. E quem sabe não foi para um momento como este que você chegou à posição de rainha? (Ester 4:14).

Mardoqueu não estava recorrendo à retórica da automotivação, mas comunicando algo muito sério. Sua mensagem é uma bordoada na testa. Trata-se de um chamado à fé e à ação.

À fé, porque o *socorro virá*! E por acaso Mardoqueu sabia *como* esse socorro viria? Tinha algum plano escondido na manga? Não me parece ser o caso. Consequentemente, só me resta presumir que Mardoqueu confiou na Palavra de Deus e se lembrou da promessa de livramento do povo judeu.

Afinal, Deus prometeu:

- Que seria o Deus deles e eles seriam seu povo (Jeremias 32:36-38).
- Que os chamaria de todos os lugares (Ezequiel 37:24-28).
- Que lhes enviaria um rei da linhagem deles, a fim de estabelecer um reino eterno (2Samuel 7:16; Mateus 1:21).

Mardoqueu se lembrou das alianças. Sim, sempre houve confusões e dificuldades, porém acima de tudo havia um Deus fiel que cumpria sua palavra.

O socorro virá! Eis a mensagem de Mardoqueu para Ester e a mensagem de Deus para você. Você tem se sentido arrasado por causa das dificuldades? Nesse caso, permita que Deus destrave em você o poder de enfrentá-las. Desvie sua atenção dos problemas e se concentre no poder de seu Deus todo-poderoso.

Lembra-se da pergunta que o Senhor fez a Abraão e Sara? Deus havia prometido a eles um filho, embora ambos estivessem velhos demais para isso, porém Sara riu da ideia de balançar uma criança no colo.

> Então o Senhor disse a Abraão: "Por que Sara riu? Por que disse 'Sou idosa demais para ter um bebê'? Existe alguma coisa difícil demais para o SENHOR?" (Gênesis 18:13-14, NCV).

É isso que devemos perguntar. Existe algo difícil demais para Deus? Por acaso ele desiste diante de algum problema muito complicado? Por acaso leva as mãos à cabeça em desespero? Por acaso balança a cabeça diante de uma oração, como se dissesse "Isso aí nem eu sei resolver"?

> Seu problema não é ter problemas grandes demais, mas ter uma visão de um Deus pequeno demais.

A resposta reconfortante é: "Não, nada é difícil demais para o Senhor".

Você tem de começar a partir daí. Pare de medir a altura da montanha e comece a refletir a respeito do Deus que a criou. Não diga a Deus o tamanho dos seus problemas, mas diga aos seus problemas o tamanho do seu Deus. Seu problema não é ter problemas grandes demais, mas ter uma visão de um Deus pequeno demais.

Aceite o convite do salmista: "Engrandecei o SENHOR comigo e juntos exaltemos seu nome" (Salmo 34:3). Temos a tendência de nos concentrar em nosso medo, de colocar nossas dívidas, doenças e prognósticos debaixo do microscópio.

Pare com isso! Medite mais em Deus do que em seu problema, pense mais sobre o poder dele do que sobre o quão fraco você é.

Algumas vezes me pergunto se a igreja se esqueceu da grandeza de Deus. Visite qualquer congregação aos domingos e provavelmente encontrará um grupo de pessoas sentadas confortavelmente em suas cadeiras, ouvindo uma mensagem reconfortante a respeito de um Deus que nos mantém confortáveis.

Porventura conhecemos o Deus diante de quem nos congregamos? Você sabia que os demônios temem e fogem ao mero som do nome

Medite mais em Deus do
que em seu problema,
pense mais sobre o
poder dele do que sobre
o quão fraco você é.

do Senhor? Que anjos vêm cantando "santo, santo, santo" desde a criação, e mesmo assim não cantaram o suficiente? Que um simples vislumbre da glória de Deus levou o profeta Isaías a implorar por misericórdia e o patriarca Moisés a se esconder atrás de uma rocha? Porventura compreendemos a magnificência do Senhor? Sua glória, seu poder, sua paixão? Se compreendêssemos, provavelmente frequentaríamos a igreja vestidos de armadura e capacete.

Será que sofremos porque perdemos nossa admiração por Deus? Caso seja isso mesmo, quais são as consequências?

Eis o que penso: a visão de um Deus fracote contribui para a formação de um coração medroso, mas a visão de um Deus imponente contribui para a formação de um cristão resoluto.

Deixe Deus ser grande.

"'Com quem vocês me compararão? Ou quem é igual a mim?', diz o Santo" (Isaías 40:25).

Conforme disse Moisés: "Quem entre os deuses é semelhante a ti, SENHOR? Quem é semelhante a ti, majestoso em santidade?" (Êxodo 15:11).

De acordo com o salmista: "Quem nos céus é comparável ao Senhor? Quem entre os filhos dos poderosos é semelhante ao Senhor?" (Salmos 89:6, NASB).

Conforme orou Agostinho:

> Quem és tu, meu Deus? Quem, pergunto, senão o Senhor Deus. Pois quem é o Senhor, senão Deus? Ou quem é Deus, senão nosso Deus? Altíssimo, boníssimo, poderosíssimo, onipotente, misericordioso e justíssimo, reservadíssimo e sempre presente; belíssimo e fortíssimo; constante e incompreensível; imutável (e mesmo assim), transformando tudo; jamais jovem e jamais velho; fazendo novas todas as coisas e trazendo o orgulhoso à (o colapso da) idade avançada; constantemente agindo e constantemente descansando; ajuntando sem jamais necessitar; cuidando, e preenchendo, e protegendo (todas as

coisas); criando, e nutrindo, e aperfeiçoando; buscando, ainda que nada te falte.[1]

Medite também a respeito da obra de Deus.

> Entretanto, pergunte aos animais e eles te ensinarão,
> ou às aves do céu e elas te dirão.
> Fale com a terra e ela te instruirá,
> ou permita que os peixes do mar te digam.
> Todos estes sabem
> que a mão do SENHOR fez isso.
> A vida de cada criatura
> e o fôlego de todos os seres humanos está nas mãos de Deus
> (Jó 12:7-10, NCV).

Na próxima vez em que se sentir oprimido pelo mundo, converse com o Criador do mundo. À medida que sua percepção da grandiosidade de Deus for aumentando, o tamanho de seus problemas começará a diminuir. Se Deus é capaz de mover o coração de um rei persa, se é capaz de transformar morte certa em vitória de vida, se é capaz de transformar um holocausto fatídico em feriado nacional, não acha que ele é capaz de cuidar de você?

> Na próxima vez em que se sentir oprimido pelo mundo, converse com o Criador do mundo.

Sinto muito por você se sentir exilado na Pérsia. Sinto muito por seus sofrimentos e sua exaustão. Sinto muito que o significado de palavras como *dor*, *medo* e *tristeza* seja demasiado evidente para você.

Parece que a primavera está longe, mas não está. A história de Ester desafia você a crer que Deus, embora oculto, continua agindo e extraindo vida de coisas quebradas. O apóstolo Paulo resumiu Ester quando escreveu:

"Sabemos que Deus age em todas as coisas para o bem daqueles que o amam, daqueles que foram chamados de acordo com seu propósito" (Romanos 8:28).

"Sabemos", escreveu Paulo. Há muitas coisas que não sabemos nesta vida. Não sabemos se a economia vai melhorar ou se nosso time vai vencer. Nem sempre sabemos o que nossos filhos pensam ou o que nosso cônjuge está fazendo. Contudo, de acordo com Paulo, podemos ter absoluta certeza de quatro coisas.

Sabemos que *Deus age*. O Senhor continua trabalhando detrás do palco, acima do burburinho e no meio do frenesi. Ele não jogou a toalha nem tirou férias. Ao contrário, ele não para nem se cansa.

Deus jamais deixa de agir *para nosso bem*. Não para nosso conforto, prazer ou entretenimento, mas para nosso bem. Ora, uma vez que ele é nosso bem supremo, haveríamos de esperar outra coisa dele?

A fim de alcançar esse objetivo, Deus usa *todas as coisas* (em grego, *panta*, como em *panorâmico*, *panaceia* ou *pandemia*). Deus não trabalha apenas em algumas coisas ou somente nas coisas boas, melhores ou mais fáceis. Ele opera em tudo.

*Ele age para o bem daqueles que o amam*. Coisas boas acontecem com aqueles que confiam em Deus. O guarda-chuva da providência de Deus não protege os perversos e os de coração duro. Em contrapartida, para aqueles que o buscam e fazem sua vontade, Deus trabalha em todas as coisas.

Não, leitor, você não é uma marionete nas mãos do acaso e do destino. Ao contrário, está seguro nas mãos de um Deus vivo e amoroso. Sua vida não é uma coleção aleatória de acontecimentos desconexos. Muito longe disso. É uma narrativa planejada escrita pelo autor da vida, que continua trabalhando para o seu bem maior até o final sublime.

*O socorro virá*!

*Você deseja participar*?

O mundo parece viver um momento de grande trauma.

O mundo precisa
desesperadamente de pessoas
fiéis a Deus, que permaneçam
firmes em meio ao caos.

As pessoas não sabem por que vivem nem para onde vão. Vivemos em uma época de muita informação e pouca compreensão. Os inimigos invisíveis do pecado e do secularismo nos deixam perplexos, desnorteados.

O mundo precisa de você! Precisamos de pessoas com a determinação de Mardoqueu e a coragem de Ester. O mundo precisa desesperadamente de pessoas fiéis a Deus, que permaneçam firmes em meio ao caos.

Pessoas como aquelas que se reuniram em uma congregação devastada pela guerra. Ninguém as teria censurado por cancelarem o culto naquele domingo de manhã. Afinal, Londres havia sido arrasada por um bombardeiro na noite anterior. A cidade em chamas, com muitos prédios destruídos. Até as paredes da igreja haviam tombado. As pessoas chegavam e encontravam bancos cobertos de poeira e estilhaços. Entretanto, em vez de se desesperarem, decidiram adorar. Em meio aos escombros, começaram a cantar:

*O único fundamento da igreja é Jesus Cristo, seu Senhor*
*Ela é sua nova criação por meio do Espírito e da Palavra*
*Do céu ele veio e a buscou*
*Para ser sua noiva santa,*
*Com seu próprio sangue a comprou*
*E pela vida dela morreu.*

Você consegue visualizar esse grupo de almas corajosas que se dispôs a adorar no meio do caos? Eles criam em nosso Deus infalível. Sua canção era uma espécie de exortação, uma declaração da verdade em meio a uma sociedade arruinada.

É bastante possível que esse hino tenha salvado a vida de Ben Robertson, um repórter de guerra norte-americano que havia chegado a Londres um dia antes. O bombardeiro noturno o deixou aterrorizado e paralisado. Explosões, sirenes e gritos de pessoas feridas o levaram ao total desespero.

"Se esse é o resultado de nossa civilização moderna, se isso é o melhor que o ser humano contemporâneo é capaz de realizar, então me deixe morrer", orou.

Em algum momento, pegou no sono e acordou ao som inesperado de pessoas cantando. Olhou pela janela e viu a congregação reunida em meio aos escombros.

Mais tarde, escreveu: "De repente observei no mundo algo inquebrável, algo que havia resistido por milênios, algo indestrutível: o espírito, a vida e o poder de Jesus Cristo em sua igreja".[2]

Bombas continuam caindo, o mundo continua explodindo, paredes continuam tombando, pandemias continuam devastando. Em meio a tudo isso, porém, o Senhor ainda tem seu povo. E, quando seu povo proclama a verdade de Deus em meio a um mundo que desmorona, nunca se sabe quem poderá ser transformado.

Deus está no meio de tudo isso: de todas essas subidas íngremes, dessas encostas pedregosas, dessas ventanias frias e violentas que você está enfrentando. Você se sente oprimido, exausto, incapaz de avançar. Por favor, levante os olhos e veja seu Pai esperando você na porta da garagem. Ele está com você agora mesmo. Quem sabe não foi para um momento como este que você foi escolhido?

# PERGUNTAS PARA REFLEXÃO

POR ANDREA LUCADO

*Capítulo 1*

# EM BUSCA DA PRIMAVERA

1. Em que estação da vida você se encontra? Preso em uma eterna melancolia como no inverno? Relaxado e aquecido como no verão? Suprido e abastecido como no outono? Esperançoso e vivo como na primavera? Descreva o momento que você está vivendo hoje e por que se sente dessa forma.

2. Talvez você não esteja vivendo um inverno agora, mas alguma vez você já experimentou momentos assim? Seja em sua família ou em sua igreja? Quais sofrimentos ou dificuldades você observou ou experimentou?

3. Qual é a palavra (composta de cinco letras) de encorajamento para aqueles que atravessam uma temporada de inverno

pessoal? De que forma a história de Ester traz ânimo para nossos invernos?

4. O que você conhecia a respeito de Ester e da história dela antes de ler este capítulo?
   - Depois de ler este capítulo, quais fatos sobre o período da história de Ester chamaram sua atenção?
   - Quais fatos a respeito dos personagens chamaram sua atenção?

5. Com base no que você sabe até aqui, como descreveria o rei Xerxes?
   - De que maneira você se identifica com Ester ou com as circunstâncias em que ela vivia?
   - Quais as diferenças entre Xerxes e Ester?

6. Max descreve Ester como uma mulher corajosa e resoluta. E você, leitor, quais são as suas convicções?
   - Pense em uma ocasião em que suas convicções levaram você a uma atitude corajosa. Por favor, explique em detalhes.
   - O que ajudou você a ter coragem naquele momento?
   - Hoje você precisa mais de coragem ou de convicção? Por favor, explique o motivo.

7. O livro de Ester é famoso por não fazer nenhuma menção a Deus.
   - De que forma isso influencia seu entendimento sobre o livro de Ester?
   - Em sua opinião, por que esse livro foi incluído no Antigo Testamento?

8. A exemplo do livro de Ester, alguma vez você se sentiu como se Deus não estivesse presente? Se isso já aconteceu com você, descreva uma ocasião em que Deus parecia ausente ou distante.
   - Descreva também uma ocasião em que Deus parecia próximo.
   - O que faz você pensar ou sentir que Deus está longe? O que faz pensar ou sentir que ele está perto?
   - De que forma esses sentimentos influenciam sua vida, seus pensamentos e seus relacionamentos?

9. O que significa "providência discreta"? (Veja a p. 22.)
   - Em sua opinião, por que a Bíblia mostra Deus falando em voz alta e estrondosa e também sussurrando?
   - De modo geral, você experimenta a presença de Deus por meio de intervenções dramáticas ou por meio de sussurros (ou outra forma)? Descreva como você percebe a presença de Deus em sua vida.
   - De que forma essas experiências influenciaram sua fé e sua compreensão de quem Deus é?

10. De acordo com Max, qual é o tema do livro de Ester? (Veja a p. 23.)
    - De que forma Deus realiza essa obra?
    - Max escreve que "as soluções de Deus vêm por meio de pessoas corajosas [...] Pessoas como você, que ousam crer, por meio da graça de Deus, que foram criadas para enfrentar momentos como este" (p. 25). Como você descreveria o "momento" que está vivendo?
    - Você percebe alguma injustiça que Deus precisa corrigir? Alguma injustiça em sua cidade, em sua igreja ou em seu país? Por favor, explique.

11. Nem sempre estamos dispostos a trabalhar com Deus em sua obra. Conforme o texto na página 25: “Você quer se afastar, se calar, permanecer escondido nos bastidores.” Você percebe alguma injustiça ao seu redor, porém se sente tentado a permanecer calado e a se afastar em vez de participar da obra de renovação? Por que você se sente dessa forma?
    - Quais pensamentos passam por sua mente? Por exemplo: “Não sei lidar com essa situação” (p. 25)? “Não sou inteligente, forte, talentoso ou corajoso o bastante”?
    - Em sua opinião, qual a origem desses pensamentos?

12. E se Deus estiver convidando você para participar da obra divina para trazer justiça ao lugar em que você vive? Em sua opinião, que tipo de obra é necessária em sua vizinhança?
    - Em sua opinião, o que você necessita de Deus a fim de criar coragem e convicção para participar dessa obra?
    - Quais resultados viriam se você agisse com coragem? Quem se beneficiaria de sua atitude?

*Capítulo 2*

# NÃO SE ACOSTUME COM A PÉRSIA

1. Este capítulo traz informações a respeito da Pérsia, do rei Xerxes e de sua riqueza. Tente visualizar o banquete de sete dias oferecido por Xerxes.
    - Quem estava presente na festa?
    - O que estavam fazendo?
    - O que você pensaria dessa festa caso estivesse lá?

2. De que forma esse banquete, e tudo o que Xerxes representa, contrastam com o chamado de Deus para os hebreus?

3. Preencha as lacunas: "Por essa razão, deveriam se manter ______, isto é, ter uma vida_______, _________, __________." (p. 39).
    - Os israelitas conseguiram viver sempre dessa forma?

- O que Deus teve de fazer para chamar a atenção deles?
- Qual foi o resultado dessa ação?
- Na época de Ester, há quanto tempo os israelitas viviam distantes de sua terra natal (Jerusalém)?

4. Alguma vez você esteve em um lugar desconhecido, longe de onde foi criado ou longe de onde costumava viver?
   - Caso positivo, o que levou você para esse lugar?
   - De que forma essa experiência mudou sua vida para melhor?
   - De que forma essa experiência mudou sua vida para pior?

5. De que maneira Xerxes revelou seu verdadeiro caráter ao longo do banquete?

   Em sua opinião, o que esse acontecimento mostra a respeito da liderança da Pérsia?
   - A história da desventura de Max no campo de trigo fez você se lembrar de alguma ocasião em que se sentiu atraído por algo que no final das contas se mostrou falso ou decepcionante? Você acha que sua experiência foi parecida com a de Max: "A história de Xerxes e a história de minha desventura no campo de trigo insinuam a mesma possibilidade: e se o brilho e o *glamour* não passarem de bobagem e fraqueza? E se a sedução dos holofotes for um embuste?" De que forma sua experiência foi semelhante à dele?

6. Muitas vezes agimos exatamente como os israelitas, não é mesmo? Começamos com muita lealdade e santidade para depois nos esquecermos de quem somos, de onde viemos e para

o que fomos chamados. Comente algo a respeito de sua jornada na fé.

- Alguma vez você se sentiu santo e firme na fé? Por favor, explique.
- Alguma vez trocou Jerusalém pela Pérsia, isto é, escolheu um lugar que sabia que não traria nada de bom para você?
- Onde você está vivendo hoje? Ainda perambulando no exílio ou caminhando firme e próximo de Deus? Talvez em algum lugar entre as duas coisas? Por favor, explique sua resposta.

7. A igreja tem caminhado de modo semelhante ao dos israelitas: algumas vezes cumprindo seu chamado para viver em santidade, outras vezes seguindo o exemplo da Pérsia.
   - Quais coisas você observou nas igrejas que participou ou visitou?
   - Em sua opinião, por que a história da igreja está repleta de percalços?
   - Caso você tenha experimentando em primeira mão as deficiências da igreja, de que maneira isso abalou sua fé ou suas convicções? Por favor, explique.

8. "Também somos zeladores, isto é, zeladores da mensagem de Jesus" (p. 41).
   - Descreva em suas próprias palavras o que é a mensagem de Jesus.
   - De que forma a igreja pode se tornar uma zeladora mais bem preparada da mensagem de Jesus?
   - De que forma cada cristão é um zelador da mensagem de Jesus?

9. Max apresenta várias distrações e mentiras (pornografia, álcool, dinheiro etc.) que podem nos impedir de levar a mensagem de Jesus com eficácia. Existe alguma mentira ou falsidade em que você geralmente crê e que o impede de zelar pela mensagem de Jesus para a qual você foi chamado? Caso positivo, por que esses pensamentos influenciam o modo que você demonstra o amor de Deus ao mundo?

10. Leia 1Pedro 2:9-12.
    - O que significa "geração eleita"?
    - Quais responsabilidades e dons são inerentes a todos aqueles chamados "povo exclusivo de Deus"?
    - O que significa "misericórdia" para você? De que forma esse dom pode nos ajudar a enfrentar os desejos pecaminosos que guerreiam contra nossa alma?
    - Por que a misericórdia nos incentiva a viver "de maneira exemplar" a fim de beneficiarmos todos ao nosso redor?

11. Em que você pensa quando lê a frase: "se posicionar em defesa da justiça"?
    - O que essa frase significa para você?
    - Você sabe dizer de onde vem esse seu entendimento?
    - De acordo com 1Pedro 2:9-12, posicionar-se ou manter-se firme em seu dever (conforme a atitude de Max na função de socorrista durante um acampamento de escoteiros) começa com a pecaminosidade em nosso próprio coração e o modo como lidamos com o pecado. De que forma isso se compara com seu entendimento acima a respeito de se posicionar em defesa da justiça?

- Uma vez que defender a justiça significa ter esse posicionamento, de que forma a igreja poderia fazer um trabalho melhor em defesa da justiça?

*Capítulo 3*

# A GAROTA COM DOIS NOMES

1. Max relata um episódio de adolescência em que decidiu se conformar em vez de se transformar, conforme nos desafia a passagem de Romanos 12:2.
   - Em sua adolescência, alguma vez você se conformou a fim de não revelar seu verdadeiro eu?
   - Caso positivo, descreva essa experiência. Como você se sentiu?

2. A tentação de se conformar não acaba na juventude. Mesmo na fase adulta cultivamos o desejo de sermos aceitos e acolhidos.
   - Como adulto, alguma vez você optou por se conformar?
   - Caso positivo, de que maneira você se conformou?

- Que parte de seu verdadeiro eu você tentou esconder e por que teve vergonha disso?

3. No livro de Ester, quais pessoas se conformaram?
    - Você se sente desconfortável por saber disso? Por favor, explique sua resposta.
    - Em sua opinião, por que a Bíblia está repleta de personagens que se conformaram, fugiram de Deus, mataram irmãos, cometeram adultério etc?

4. O que mais chamou sua atenção a respeito do modo como Mardoqueu se conformou com a cultura persa?
    - Onde ele morava?
    - Onde trabalhava?
    - Qual o significado do nome "Mardoqueu"?
    - Por que a vida de Mardoqueu era tão diferente do chamado dos hebreus para viverem separados? Em sua opinião, por que Mardoqueu se distanciou de seu chamado e se misturou com os persas?

5. Você se identifica com Mardoqueu?
    - Alguma vez você se conformou com o lugar onde vivia ou trabalhava? De que modo você se conformou?
    - Alguma vez trocou seu nome com o propósito de se enturmar?
    - Caso positivo, quais pensamentos ou sentimentos você teve nesse período?
    - De que forma essa conformidade influenciou a maneira como você se sente a respeito de si mesmo?
    - De que forma influenciou sua fé?

6. Ester teve de passar por momentos difíceis a fim de conquistar o favor do rei Xerxes. Conforme escreveu Max, as mulheres do harém de Xerxes "não estavam lá para amar o rei, mas para entretê-lo" (p. 52).
    - Em sua opinião, o que o harém de belas virgens diz a respeito do caráter do rei Xerxes?
    - O que ele diz a respeito da cultura persa daquela época?
    - Em sua opinião, por que Mardoqueu e Ester decidiram participar do esquema?
    - Como você acha que Ester se sentia quando o rei a chamava?

7. Inicialmente, Mardoqueu e Ester esconderam sua nacionalidade.
    - Alguma vez você também agiu dessa forma diante de uma situação? Caso positivo, descreva a experiência.
    - Por que você reagiu desse modo para esconder seu verdadeiro eu?
    - Qual foi o resultado?

8. Max propõe uma teoria para explicar os motivos que levaram Mardoqueu a enviar sua prima ao rei Xerxes.
    - E você, qual é sua teoria?
    - Se você estivesse no lugar de Mardoqueu (morando na Pérsia há três gerações desde o Exílio na Babilônia), porventura teria feito a mesma coisa? Por favor, explique.

9. "O valor incontestável da cultura ocidental é a tolerância. Ironicamente, aqueles que defendem a tolerância não toleram uma religião como o cristianismo, que prega um único Salvador e uma única solução para o problema do ser humano" (p. 57).
    - Essa afirmação parece verdadeira para você em seu contexto de vida (isto é, onde você mora e onde cultua

a Deus, o ambiente em que seus amigos vivem etc.)? Por favor, explique.

- Alguma vez você enfrentou hostilidades por ser cristão ou já observou cristãos sofrendo hostilidades? Caso positivo, você se sentiu tentado a agir conforme o exemplo de Max no início do capítulo e "despir seu agasalho", isto é, negar sua fé?
- Como você se sentiu a respeito de si mesmo, de Deus e de sua fé depois dessa experiência?

10. Para muitos cristãos evangélicos a palavra *tolerância* traz uma conotação negativa.
    - Como cristãos, existe uma forma positiva ou amorosa de demonstrarmos tolerância em nosso mundo atual?
    - Se você acha que sim, como podemos fazer isso?
    - De que forma você espera que as pessoas ao seu redor tolerem o cristianismo? Em seu trato com os outros, como você poderia tolerar aspectos com os quais não concorda?

11. Releia a história da árvore ao final do capítulo e reflita:
    - O que a gravura do coração significou para Max?
    - De que forma isso serve de metáfora para nossa própria identidade?
    - De que forma serve de metáfora para o amor de Deus por nós?

12. Em 1João 3:1 está escrito: "Que amor maravilhoso o Pai tem para conosco! Veja só, somos chamados filhos de Deus! Essa é nossa verdadeira identidade" (A Mensagem).
    - Você crê que isso se aplica a você?
    - É fácil responder corretamente "sim", porém você crê verdadeiramente nisso?

- De que forma Deus poderia se revelar hoje para você nesse aspecto? Como você poderia conversar com Deus sobre isso?

*Capítulo 4*

# ELE NÃO SE CURVOU

1. Este capítulo traz o relato trágico, e ao mesmo tempo comovente, de um grupo de homens assassinados por causa de sua fé em Cristo.
   - Você se lembra de ter ouvido a respeito desse episódio ou de outros relatos em que pessoas morreram por causa de suas convicções?
   - Caso positivo, qual foi sua reação? Quais questionamentos surgiram em sua mente?
   - Como você se sentiu?

2. Reflita a respeito da frase: "Talvez você jamais venha a enfrentar terroristas armados, mas que dizer de críticos e acusadores?" (p. 67).

- Alguma vez você teve de enfrentar críticos ou acusadores por causa de sua fé? Caso positivo, de que forma essas críticas influenciaram você e sua fé?
- Talvez você tenha crescido em um ambiente tolerante em que ninguém jamais criticou sua fé. Nesse caso, você foi criticado por outros aspectos de sua vida? Por exemplo, seus valores, sua tradição cultural ou alguma característica importante de sua identidade?
- De que forma essas críticas influenciaram o modo como você se sente a respeito de si mesmo?

3. Qual o aspecto mais importante da ancestralidade de Hamã?
    - Você acredita que o racismo pode ser passado de uma geração para outra? Caso positivo, você chegou a observar como esse aspecto se desenvolve em sua comunidade, na vida de outras pessoas ou até em sua própria vida?
    - Você conhece alguns pecados que têm sido passados de geração em geração?
    - Em sua opinião, por que famílias e etnias muitas vezes repetem os pecados de seus antepassados?

4. Em Ester 3:2 está escrito: "Todos os oficiais do rei se curvavam e prestaram homenagem a Hamã, pois o rei havia decretado essa ordem a respeito de Hamã. Entretanto, Mardoqueu não se curvava nem lhe prestava homenagem".
    - Visualize a cena e imagine a reação da multidão diante da desobediência de Mardoqueu. Como a multidão reagiu?
    - Alguma vez você se sentiu impelido a tomar uma atitude que poderia ser interpretada como desobediência, porém, na verdade, era uma demonstração de suas convicções mais íntimas? Por favor, explique.

- Como a atitude de Mardoqueu desencadeou os demais acontecimentos da narrativa do livro de Ester?

5. Por que Mardoqueu escolheu esse momento para revelar sua identidade judaica?
   - Alguma vez você chegou a um ponto de dar um basta na situação e começar a agir conforme sua verdadeira identidade? Caso positivo, descreva sua experiência.
   - De que forma a honestidade acerca de nós mesmos nos dá coragem para nos posicionarmos em defesa própria, em defesa dos outros e daquilo em que acreditamos?
   - De que forma esconder nossa verdadeira identidade torna esse posicionamento difícil, se não impossível?

6. Mardoqueu foi o único judeu que não se curvou perante Hamã. Em sua opinião, por que Hamã reagiu com o desejo de matar todos os judeus do império?

7. Depois que os mensageiros partiram com o decreto de morte a todos os judeus, a Escritura informa que Hamã e Xerxes se sentaram para beber e se divertir. Em sua opinião, como foi possível demonstrarem tamanha desconsideração pela vida humana naquele momento?
   - De que forma o poder nos induz a fazer vistas grossas para a injustiça?
   - Quais injustiças você ignorou em razão de sua posição na sociedade, sua etnia, sua classe social etc.?
   - Quais injustiças você não foi capaz de ignorar em razão de sua posição na sociedade, sua etnia, sua classe social etc.?

8. Este capítulo nos lembra de que "resistir faz toda diferença" (p. 74).

- De que forma você definiria "resistir" nesse contexto?
- Alguma vez você testemunhou alguém resistindo dessa maneira? Caso positivo, qual foi sua reação?

9. Ainda que você jamais venha a defender sua fé e a se posicionar contra a injustiça de uma forma tão extrema como essa, Max escreve que "há grande chance de você ser tentado a transigir sua fé ou a se calar diante da injustiça e da maldade" (p. 73).
    - Alguma vez você se sentiu tentado a permanecer calado diante da injustiça? Caso positivo, por que teve dificuldade de se manifestar?
    - Alguma vez você resistiu a essa tentação e se manifestou contra a injustiça? Caso positivo, como se sentiu? Qual foi o resultado?
    - O que deu a você coragem para se pronunciar?

10. Além de Mardoqueu, pense em outros que se posicionaram corajosamente em favor de suas crenças (por exemplo, o ex-membro do partido nazista que se recusou a saudar Hitler; Sadraque, Mesaque e Abede-Nego, que se recusaram a adorar um ídolo babilônio).
    - Você conhece ou viu alguém que se posicionou corajosamente contra a injustiça? O que essa pessoa fez?
    - De que forma a coragem dessa pessoa inspirou você?
    - Você está enfrentando alguma situação que exige muita coragem? Por favor, descreva.
    - Por que você está com medo de falar? O que está impedindo você de agir?
    - Reserve hoje mesmo um momento para falar com Deus a respeito dessa situação.

*Capítulo 5*

# O SOCORRO ESTÁ A CAMINHO

1. A passagem de Ester 4:1-2 descreve a agonia de Mardoqueu depois de ouvir a notícia de que Xerxes havia concordado em exterminar os judeus: "Quando Mardoqueu soube de tudo o que tinha acontecido, rasgou suas roupas, vestiu-se de pano de saco e cinzas e saiu pela cidade chorando em voz alta e grande amargura. Mas foi somente até a porta do palácio real, pois ninguém vestido de pano de saco tinha permissão para entrar".
   - Alguma vez você sentiu esse nível de dor e agonia que Mardoqueu experimentou? Caso positivo, o que causou isso?
   - Provavelmente você não se vestiu de pano de saco, porém quais sinais exteriores de tristeza você demonstrou?

2. Qual foi a primeira reação de Ester diante do pedido de Mardoqueu para que auxiliasse o povo judeu? (Veja Ester 4:11)
    - Em sua opinião, por que Ester reagiu dessa forma?
    - Alguma vez você hesitou diante de fazer o certo? Caso positivo, quais foram as circunstâncias? Por que você hesitou?

3. Leia a resposta de Mardoqueu à hesitação de Ester em 4:13-14: "Não pense que por viver no palácio do rei somente você escapará dentre todos os judeus, pois se você permanecer calada nesse momento, socorro e livramento para os judeus virão de outro lugar, porém você e a família de seu pai morrerão. E quem sabe não foi para um momento como este que você chegou à posição de rainha?".
    - Max escreve que Mardoqueu propôs duas observações muito astutas nessa passagem. Quais?
    - Em que tipo de proteção falsa (de acordo com Mardoqueu) Ester estava confiando?
    - Alguma vez você se apegou a uma promessa que Deus nunca fez? Caso positivo, qual foi essa promessa e de que forma seu apego a ela influenciou sua fé e atitude?
    - Que promessa Jesus entregou a todos nós em João 16:33?
    - Como você responderia a pergunta de Max a respeito dessa promessa? "Você enxerga o Senhor como um Deus que traz socorro e grande livramento?" (p. 89). Por favor, explique sua resposta.
    - Em que área de sua vida você precisa de socorro e livramento hoje?

4. Mardoqueu disse a Ester que talvez ela tivesse chegado à posição de rainha exatamente para um momento como aquele.

Você acredita que Deus nos coloca em determinado lugar e em determinado momento da história?

- Caso positivo, alguma vez você experimentou isso em sua vida? Por favor, explique.
- Caso negativo, alguma vez você observou ou ouviu a respeito de alguém que tenha passado por isso? O que você pensa da experiência dessa pessoa?

5. A partir do segundo capítulo de Ester, Mardoqueu passou por uma transformação. Explique as mudanças que ocorreram na vida dele.
   - Qual é a explicação de Max para a transformação de Mardoqueu? (Veja p. 88.)
   - Alguma vez Deus despertou em você uma fé suprimida? Caso positivo, como você se sentiu?
   - De que forma você ou sua vida mudou em resultado disso?
   - Por acaso Deus está cutucando você para reavaliar alguma atitude hoje?

6. Ester também passou por uma transformação neste capítulo. Qual foi essa reviravolta? (Veja Ester 4:16.)
   - Em sua opinião, o que causou essa grande transformação de Ester?
   - Ao final do versículo dezesseis, depois de decidir jejuar antes de encontrar o rei, Ester declara com determinação: "se morrer, morri". Alguma vez você sentiu esse tipo de determinação, isto é, percebeu que deveria agir corretamente, mesmo que tivesse de sacrificar algo importante? Caso positivo, o que levou você a se sentir dessa forma?
   - Qual foi o resultado?

7. O "momento" de Ester se refere à sua posição de intervir diante da grande ameaça contra seu povo.
    - Que "momento" você está vivendo agora? Ou, nas palavras de Max, de qual obra santa você foi convidado a participar? Em sua opinião, o que Deus está preparando para você?
    - De que modo Deus capacitou você para essa obra?
    - Como você está se sentindo diante dessa tarefa santa? Você se sente hesitante (como Ester se sentiu inicialmente) ou resoluto (como Ester se sentiu ao tomar a decisão de agir, mesmo diante da possibilidade de morrer)? Por favor, explique.
    - Você tem necessidade de que alguém chame sua atenção para a pergunta de Max: "Mas e se Deus estiver envolvido em tudo isso?" (p. 92).
    - Em quais circunstâncias você observou Deus agindo em alguma obra?
    - Você já observou Deus agindo desse modo em situações passadas? Caso positivo, de que forma isso pode trazer esperança para você diante do convite para participar da obra santa de Deus hoje?

*Capítulo 6*

# DUAS SALAS, DOIS TRONOS

1. Preencha as lacunas: "em vez de sair correndo para a sala do trono de Xerxes, Ester se ______________ e entrou na ________ __________________."
    - Em sua opinião, por que Ester optou por jejuar durante três dias antes de se encontrar com Xerxes?
    - Qual o papel da oração em grandes momentos ou decisões de sua vida? Por favor, explique.

2. A essa altura da história, Ester se encontra em uma posição de autoridade. Ela poderia ter decidido ignorar o decreto autorizando a morte dos judeus, uma vez que havia uma chance de escapar ilesa. Apesar disso, Ester decidiu agir. De que forma poder e status podem nos tornar apáticos?

- A respeito de quais problemas ou assuntos você se sente apático?
- Por que você se sente assim a respeito dessas coisas?
- De que forma podemos abandonar a apatia e abraçar a empatia mesmo quando o problema não nos afeta diretamente?
- De que forma Ester fez essa transição?

3. O que aconteceu quando Ester entrou na sala do trono de Xerxes? (Veja Ester 5:2)
    - Em sua opinião, por que Xerxes reagiu dessa forma?
    - Alguma vez suas orações resultaram em uma resposta inesperada? Caso positivo, por favor, explique o que aconteceu.
    - Como esse acontecimento influenciou sua fé?

4. Qual o papel da humildade na atitude de Ester perante Xerxes?
    - Qual o papel da humildade em nossa parceria com Deus em sua obra santa?
    - Alguma vez a humildade levou você a agir de determinada maneira? Caso positivo, de que forma essa humildade estimulou você a agir em conformidade com aquilo que percebeu ser o chamado de Deus para sua vida?
    - De que forma a falta de humildade impediu você de cumprir algum chamado de Deus?

5. Daniel é um exemplo de alguém que orou com humildade na Escritura. Leia sua oração em Daniel 9:17-18 a respeito do fim do cativeiro dos israelitas: “Ouça, Deus, a oração resoluta de teu servo. Tenha misericórdia de nosso santuário em ruínas. Aja em conformidade com quem o Senhor é e não com quem

somos. Volta os ouvidos para nós, Senhor, e ouça. Abra os olhos e observe atentamente nossa cidade em ruínas, a cidade que leva teu nome. Sabemos que não merecemos tua atenção. Portanto, apelamos à tua compaixão. Esta oração é nossa única e última esperança" (A Mensagem).

- Sublinhe palavras ou frases dessa oração que demonstram humildade perante Deus.
- Quais assuntos sobre os quais você precisa orar e que não tem orado até agora?
- Por que você não tem orado a respeito desses assuntos?
- De que forma você poderia se aproximar agora mesmo do trono de Deus em humildade?

6. Max escreveu a respeito da decisão de se pronunciar contra o racismo, especialmente o racismo histórico dentro da igreja. As razões dele para não ter se pronunciado anteriormente soam bastante familiares: "Não sou racista, Senhor. Jamais agi errado com a comunidade negra. Jamais ofendi algum afrodescendente." (p. 103). Que resposta clara ele recebeu de Deus em seguida?
   - De que forma nosso silêncio pode ser prejudicial em se tratando de racismo e outros problemas sociais?
   - Alguma vez você sentiu que deveria defender uma pessoa específica ou um grupo de pessoas, mas não o fez? Caso positivo, que motivos levaram você a ficar calado?

7. Leia a oração de Max nas p. 103 e 104.
   - Quais frases chamaram sua atenção e por quê?
   - O que mais incomodou você nessa oração e por quê?
   - Algum trecho dessa oração fez você se sentir culpado? Por favor, explique.

- De que você se arrependeria caso tivesse de fazer uma oração pública de arrependimento?
- Como você se sentiria se tivesse de falar honestamente a respeito desses arrependimentos?
- Por que foi importante para Max fazer aquela oração? Qual o resultado da oração dele?

8. A respeito de que assunto você precisa "conversar com o Senhor do universo de uma forma franca, honesta e humilde"? Reserve tempo para orar sobre isso agora mesmo. Você pode orar em silêncio, em voz alta e até em forma escrita. Aproxime-se do trono de Deus em humildade e observe como essa atitude transforma as palavras e pedidos que você apresenta a ele.

*Capítulo 7*

# DEUS FALA MAIS ALTO QUANDO SUSSURRA

1. O que você acha do efeito borboleta, isto é, a ideia de que os seres humanos são vítimas das circunstâncias?
    - O que você pensa do conceito de providência divina?
    - Em sua opinião, qual o papel de Deus nos acontecimentos de sua vida?
    - Por que você pensa dessa forma?
    - Esse seu pensamento passou por alguma mudança nos últimos anos? Caso positivo, como e por quê?

2. Mesmo que você não creia nem compreenda totalmente a vontade de Deus e o modo como ele coordena os acontecimentos

da vida, alguma vez você teve uma experiência que pareceu muito mais que coincidência? Um momento em que os acontecimentos se encaixaram de tal maneira que você teve certeza de que houve intervenção divina? Caso positivo, explique o que aconteceu e como essa percepção influenciou sua fé.

3. Depois de jantar com o rei e a rainha, Hamã saiu se sentindo de bem com vida, até dar de cara com Mardoqueu. De acordo com Hamã: "tudo isso não me traz nenhuma satisfação enquanto eu vir aquele judeu Mardoqueu sentado junto à porta do rei" (Ester 5:13).
    - Em sua opinião, por que Mardoqueu causava tanto aborrecimento a Hamã?
    - O que Hamã decidiu fazer com Mardoqueu em seguida?
    - Em sua opinião, por que Hamã reagiu de forma tão extrema?

4. Estava tudo pronto para a execução de Mardoqueu, porém uma série de acontecimentos mudou o seu destino.
    - Quais foram esses acontecimentos?
    - De que forma cada acontecimento influenciou o seguinte?
    - O que aconteceu com Mardoqueu ao final?
    - O que essa sequência de acontecimentos revela acerca do envolvimento de Deus em nossa história?
    - O que revela a você acerca do envolvimento de Deus em sua vida?

5. Que papel Mardoqueu teve nos acontecimentos que salvaram sua vida? Que controle ele tinha sobre esses acontecimentos?

- O que isso revela a você a respeito do controle que temos sobre nossa vida?
- O que isso revela a você a respeito do valor da integridade?

6. Alguma vez você (ou alguém próximo a você) foi acusado injustamente? Caso positivo, explique o que aconteceu.
    - Por que essas experiências são tão dolorosas?
    - Você tentou se defender dessa falsa acusação? Caso positivo, como?
    - O que a história de Mardoqueu revela a respeito do papel de Deus em resguardar a integridade e o nome de seu povo?

7. Max pergunta se você "acha que o mundo inteiro está contra você? Que até Deus está contra você? Que os acontecimentos da vida são meras questões de sorte e azar? Nem sequer se lembra da última vez que a sorte jogou a seu favor?" (p. 121). Você se identifica com essas perguntas? Caso positivo, quais acontecimentos em sua vida o levaram a acreditar que Deus ou o destino estava contra você?

8. Como você se sentiu depois de ler a história da mãe que pensou em suicídio? Quais acontecimentos a levaram a ler *Conte-me a história*? Qual foi o resultado?
    - Que parte da história mais impressionou você?
    - Em que momento você enxerga a mão de Deus na vida dessa mãe e na vida dos filhos dela?
    - Alguma vez você encontrou Deus depois de uma longa temporada sem sentir a presença dele? Caso positivo, descreva a experiência.

9. Max também relata a história do escritor russo Aleksandr Soljenítsin. Quais acontecimentos levaram Aleksandr a conhecer um médico recém-convertido e qual foi o resultado do encontro?
    - O que você pensa dessa história, especialmente o fato de que Soljenítsin havia renunciado a fé antes desse encontro?
    - Em que momento você observa a mão de Deus na vida dele?
    - Alguma vez você encontrou Deus em um momento em que nem sequer acreditava nele? Caso positivo, descreva sua experiência.

10. É difícil acreditar que Deus está nos detalhes enquanto atravessamos momentos de dúvidas e dificuldades. Max sugere que mesmo em ocasiões como essas devemos presumir "que Deus está trabalhando. Avance na vida como se Deus estivesse avançando com você. Não preste atenção à voz da dúvida e do medo. Não desista da luta" (p. 126).
    - Em sua opinião, o que aconteceria se você acreditasse de verdade que Deus está avançando com você? De que forma isso alteraria suas ações, seus pensamentos e sua fé?
    - Em que área de sua vida você tem mais necessidade de acreditar nisso? Como você agiria se acreditasse verdadeiramente que Deus já está tralhando em sua vida?

*Capítulo 8*

# O PERVERSO NÃO PREVALECERÁ

1. Você tem um Hamã em sua vida? Alguma pessoa mesquinha ou egoísta? Alguém que te irrita profundamente? (Pode ser alguém que você conhece pessoalmente ou não.)
   - Como você se sente a respeito dessa pessoa?
   - Em sua opinião, o que seria necessário para que essa pessoa mudasse de atitude?

2. As palavras de Ester ao rei Xerxes causaram uma grande reviravolta: "Se encontrei favor diante de ti, vossa majestade, e se te agradar, poupe minha vida, este é meu pedido, e poupe meu povo, este é meu desejo. Pois eu e meu povo fomos vendidos à destruição, morte e aniquilação. Se apenas tivéssemos sido

vendidos como escravos e escravas, eu teria ficado em silêncio, pois tal aflição não justificaria perturbar o rei" (Ester 7:3-4).

- O que mais chama sua atenção a respeito da linguagem de Ester nessa passagem?
- Em sua opinião, como Ester se sentiu ao revelar ao rei e a Hamã sua verdadeira identidade judaica?
- Que episódio em sua vida incentivou você a falar com convicção a respeito de sua verdadeira identidade ou de sua crença?
- Como você se sentiu ao revelar esse aspecto de sua personalidade?

3. O que aconteceu com Hamã durante esse episódio?
   - Como você se sente a respeito da atitude dele?
   - Em sua opinião, por que é tão satisfatório ver o perverso receber o que merece?
   - O que o destino de Hamã comunica a você acerca da natureza de Deus?
   - Alguma vez você testemunhou esse tipo de justiça em sua vida? Caso positivo, de que maneira essa justiça foi alcançada?

4. Preencha as lacunas a partir da passagem em Romanos 11:22: "Atente, portanto, para a __________ e a __________ de Deus."
   - Como você se sente a respeito da informação de que Deus é bondoso?
   - Como você se sente a respeito da informação de que Deus é severo?
   - Por que é necessário que Deus seja ambas as coisas?

5. É muito gratificante testemunhar a revelação da perversidade de Hamã e sua consequente prisão (Ester 7:8). Entretanto, como você bem sabe, nem sempre a justiça é executada de modo tão rápido em nossa vida. Que justiça você ainda está aguardando?
   - Em sua opinião, onde está Deus nesse processo de restaurar a justiça que você deseja receber?
   - De que forma você está aguardando? Com paciência? Ansiedade? Questionamentos? Por favor, explique.

6. A Bíblia traz passagens a respeito de aguardarmos a restauração da justiça por meio do julgamento de Deus. Veja as seguintes passagens:
   - "Ó Senhor, até quando ficarás a observar?" (Salmo 35:17, GW)
   - "Por que prospera o caminho dos ímpios?" (Jeremias 12:1)
   - "Não se acha a verdade em parte alguma e todo aquele que se desvia do mal se torna vítima. O Senhor observou e ficou descontente por não haver justiça. Ele viu que não havia ninguém, espantou-se que não havia ninguém para interceder" (Isaías 59:15-16)

7. A Bíblia também traz passagens a respeito daquilo que Deus fará com a injustiça no final. Veja as seguintes passagens:
   - "Ele julgará todos de acordo com o que fizeram" (Romanos 2:6, NLT)
   - "[Deus] já determinou o dia em que julgará o mundo" (Atos 17:31)
   - "Deus é um juiz justo e Deus se enfurece todos os dias com os perversos" (Salmo 7:11, NKJV)

8. O que fomos chamados para fazer enquanto aguardamos Deus executar seu julgamento santo? (Veja Isaías 58:6-8.)
    - De que modo você pode, hoje mesmo, ser um facilitador da justiça em sua vida e na vida das pessoas ao seu redor?
    - De que forma Charles Mulli trouxe justiça para a comunidade dele?
    - De que forma a infância dele o tornou alguém capacitado para aquela obra?

9. A necessidade urgente de justiça ao nosso redor pode gerar um sentimento de opressão. Em situações como essa, talvez seja difícil identificar como participar da obra de Deus. Charles Mulli é um bom exemplo de alguém que decidiu trabalhar em uma obra que lhe parecia mais familiar.
    - Que obra é mais familiar para você? Que injustiça ao seu redor faz você se sentir mal?
    - Por que essa injustiça faz você se sentir dessa forma?
    - Quais passos você poderia dar a fim cooperar com Deus nessa questão? Por exemplo, alimentando os pobres, visitando lares de idosos em sua comunidade, auxiliando crianças de rua ou outra obra?

*Capítulo 9*

# O DEUS DAS GRANDES REVIRAVOLTAS

1. Em sua opinião, o que Dália e Ayesha imaginavam que aconteceria caso o marido dessa última descobrisse que ela estava lendo a Bíblia? Em vez disso, o que aconteceu?
   - Em sua opinião, que reação elas esperavam ver no marido depois do filme a respeito de Jesus? Em vez disso, como ele reagiu?
   - Em sua opinião, de que forma a reação inesperada desse homem influenciou Dália, Ayesha e a crença delas no cristianismo?

2. Preencha as lacunas: "Deus é o Deus das ________ ____________" (p. 147).
    - Como o destino dos judeus foi transformado nesse capítulo?

3. Qual o papel de Xerxes na reviravolta que mudou o destino dos judeus?
    - Por que o comportamento dele parece tão inesperado?
    - Há em sua vida alguém de quem você sente medo ou subjugado (por exemplo: um chefe, um professor, algum político ou mesmo seu pai ou sua mãe)? Caso positivo, quem é essa pessoa e que tipo de poder ela tem sobre você?
    - De que forma a transformação de Xerxes pode mudar o modo como você enxerga essa figura de autoridade em sua vida?

4. Xerxes atendeu ao pedido de Ester, prendeu, empalou Hamã e, por fim, fez de Mardoqueu seu braço direito. Apesar disso, os judeus ainda corriam perigo.
    - Alguma vez você encarou um obstáculo insuperável em sua vida? Conforme escreveu Max, alguma vez você esteve "diante de um muro intransponível ou de um desafio impossível"? (p. 148). Caso positivo, qual foi esse desafio?
    - Por que essa dificuldade parecia impossível de ser superarada?
    - De que modo Ester e Xerxes contornaram o decreto do rei estipulando o extermínio dos judeus na Pérsia?
    - Que solução criativa Deus talvez esteja reservando para a dificuldade que você enfrenta?

5. O que é peripécia?
   - De que maneira Mardoqueu passou por uma peripécia nessa história?
   - E Ester?
   - E Xerxes?
   - De que forma o povo de Deus também experimentou uma peripécia?

6. Alguma vez você experimentou uma reviravolta inesperada? Caso positivo, faça uma lista e reconheça a mão de Deus em cada acontecimento. Sugerimos que desenhe uma linha do tempo de sua vida e faça uma marcação para cada circunstância inesperada que alterou o curso de sua história pessoal.
   - Como você se sente ao rever essas reviravoltas em sua vida?
   - O que essas reviravoltas mostram a respeito do caráter de Deus?
   - O que mostram a respeito dos planos de Deus para você?

7. Max comparou Ester 4:3 com Ester 8:16.
   - "Houve grande pranto entre os judeus, com jejum, choro e lamento. Muitos se deitavam em pano de saco e em cinza" (Ester 4:3).
   - "Para os judeus foi uma ocasião de felicidade, alegria, júbilo e honra" (Ester 8:16).

8. Max apresenta uma lista com várias peripécias registradas na Bíblia, porém qual delas é a maior?
   - O que aquele momento de peripécia representa?
   - O que aquele momento mostra a respeito da restauração que você pode receber em sua vida?

- Em que área de sua vida você necessita dessa esperança?
- Como Jesus pode prover essa esperança?

9. Geralmente Deus opera milagres em nossa vida quando nos encontramos em situações muito difíceis. Todavia, também podemos servir de canal de bênçãos para os outros. De que forma Stan Mooneyham e a Visão Mundial trouxeram uma reviravolta para Vinh Chung e sua família?
    - Max propõe duas perguntas ao final deste capítulo: "Você precisa de socorro? Você está disposto a socorrer alguém?" (p. 157). Como você responderia a essas perguntas?
    - Em sua opinião, o que é necessário para você se dispor a socorrer outra pessoa?
    - Você está pronto para oferecer esse socorro caso Deus chamar você? Sim ou não, por favor, explique.
    - Caso você necessite de socorro, como poderia orar por isso ainda hoje?
    - Caso você esteja disposto a socorrer alguém, como poderia orar a Deus para que ele prepare você para essa tarefa?

*Capítulo 10*

# O POVO DO PURIM

1. Por que o bicudo-do-algodoeiro foi homenageado com uma estátua no Alabama?

2. Quais bicudos-do-algodoeiro infestam sua vida hoje? Isto é, o que vem causando angústia ou destruição em sua vida e que você se sente incapaz de superar?
   - De que modo essa "praga" vem influenciando seu cotidiano?
   - De que modo essa "praga" vem influenciando sua fé?

3. Quais bicudos-do-algodoeiro infestaram a história de Ester e como ela e Mardoqueu lidaram com eles? O que isso mostra a você a respeito das pragas que enfrentamos em nossa vida?

4. O que é a festa do Purim, de que forma é comemorada e quem participa dela?

- Em sua opinião, por que Mardoqueu convocou todos os judeus em todas as províncias para se lembrarem desse dia?
- Por que é importante relembrar acontecimentos como esse?
- Quais dias especiais (religiosos, culturais ou pessoais) você costuma comemorar?
- Por que e de que forma você comemora esses dias?

5. Max escreve que aprecia "o valor de uma festa em que pessoas de fé se lembram do dia e do modo que seu Deus prevaleceu. O ser humano costuma se esquecer. Costumamos nos esquecer de que Deus trabalha a nosso favor e não contra nós" (p. 164).
    - Por que nos esquecemos tão facilmente da fidelidade de Deus?
    - O que acontece quando você se esquece de que Deus trabalha a seu favor? De que modo isso influencia seu comportamento, seu relacionamento com os outros e com Deus?

6. Reflita sobre o episódio em que J. J. Cohen leu a história do Purim para seus companheiros de prisão em Auschwitz. Ao final da história, Cohen escreve que "como um rio que transborda pelas margens, o clima de festa e a visão da redenção explodiram no coração quebrantado daqueles prisioneiros" (p. 165).
    - Que história trouxe para você uma esperança como essa? Alguma passagem bíblica, um filme, um livro, uma história contada por um amigo?
    - Por que essa história trouxe esperança para você?
    - Por que boas histórias nos influenciam de uma forma tão poderosa?

7. Todos os domingos os cristãos se lembram da noite anterior à crucificação de Jesus por meio da leitura das palavras que ele entregou aos seus discípulos durante a última ceia: "Jesus tomou do pão, deu graças, partiu-o e o entregou aos discípulos, dizendo: 'Isto é o meu corpo que entrego em favor de vocês. Façam isto em memória de mim.' Da mesma forma, depois da ceia, Jesus tomou o cálice e disse: 'Este cálice é a nova aliança que Deus faz com seu povo. Essa nova aliança começa com meu sangue, derramado em favor de vocês'" (Lucas 22:19-20, NCV).
    - Qual a importância de compartilhar a ceia no primeiro dia da semana?
    - Por que Jesus pediu aos seus discípulos que fizessem essas coisas para se lembrarem dele?
    - Se você já participa da comunhão ou eucaristia, o que isso significa para você?
    - O que o pão e o vinho representam?

8. Os discípulos não perceberam nada de bom na crucificação. Para eles, o mestre os havia abandonado para sempre. Entretanto, o que aconteceu pouco depois?
    - De que forma a morte de Cristo se transformou em uma oportunidade para Deus revelar seu poder?
    - Como as dificuldades que você enfrenta hoje podem se tornar oportunidades para Deus operar poderosamente em sua vida?
    - Alguma vez você testemunhou esse tipo de oportunidade?
    - De que forma a lembrança desses episódios traz esperança para o momento que você está vivendo agora?

9. Rememorar é um tema muito importante neste capítulo. Quais momentos de fidelidade de Deus você poderia começar a celebrar? Sua última sessão de quimioterapia, uma proposta de emprego da qual você já tinha desistido ou o dia em que você se encontrará com Cristo? De que forma você poderia comemorar esses momentos de um modo significativo?

*Capítulo 11*

# VOCÊ FOI CRIADO PARA ESTE MOMENTO

1. Max relata como se sentiu oprimido, aos doze anos de idade, diante da tarefa de cuidar de três casas durante um período de férias de verão. O que fez com que ele se sentisse melhor em seu primeiro dia de trabalho?
    - Alguma vez a presença de uma pessoa fez você se sentir aliviado e confiante de que poderia cumprir uma tarefa? Caso positivo, quem foi essa pessoa e como a presença dela acalmou sua ansiedade ou contribuiu para sua tarefa?
    - Quais são as diferenças entre encarar a dificuldade sozinho e encará-la com alguém ao seu lado?

2. Releia a passagem mais importante de Ester: “Se você permanecer calada nesse momento, socorro e livramento para os judeus virão de outro lugar, porém você e a família de seu pai morrerão. E quem sabe não foi para um momento como este que você chegou à posição de rainha?” (Ester 4:14)
   - Preencha as lacunas: “a mensagem de Mardoqueu é uma bordoada na testa. Trata-se de um chamado à ____ e à ________.”
   - Qual foi a promessa entregue a Ester e a Mardoqueu a respeito dos judeus?
   - O que levou Mardoqueu a confiar nessa promessa?

3. Como você explicaria a fidelidade de Deus em cumprir suas promessas?
   - Quais promessas Deus cumpriu em sua vida?
   - Quais promessas Deus cumpriu na vida das pessoas que você conhece?
   - Você conhece algumas passagens bíblicas que mostram Deus cumprindo suas promessas?
   - Que promessa de Deus você necessita hoje a fim de encarar desafios que parecem insuperáveis?

4. Em se tratando de nossos medos e dificuldades, onde devemos começar, de acordo com Max? (Veja a p. 176.)
   - Quando você olha para sua “montanha”, qual é o tamanho dela? É muito difícil de ser escalada? Por quê?
   - Quando você olha para Deus, qual é o tamanho dele? Muito grande? Muito pequeno? Por quê?
   - Você está passando por um episódio de esquecimento da grandeza de Deus (p. 176)? Caso positivo, quais consequências você tem enfrentado por causa desse esquecimento?

5. De que forma Deus provou seu poder na vida de Ester?
   - De que forma Deus provou seu poder na vida de Mardoqueu?
   - De que forma Deus provou seu poder por meio da transformação de Xerxes?
   - De que forma Deus provou seu poder por meio da aplicação da justiça a Hamã?
   - Quais desses exemplos trazem para você mais esperança para crer na capacidade e na disposição de Deus de provar o poder dele em sua vida hoje? Por quê?

6. Leia o relato de Agostinho e sublinhe todas as palavras que descrevem Deus.

   > "Quem és tu, meu Deus? Quem, pergunto, senão o Senhor Deus. Pois quem é o Senhor, senão Deus? Ou quem é Deus, senão nosso Deus? Altíssimo, boníssimo, poderosíssimo, onipotente, misericordioso e justíssimo, reservadíssimo e sempre presente; belíssimo e fortíssimo; constante e incompreensível; imutável (e mesmo assim) transformando tudo; jamais jovem e jamais velho; fazendo novas todas as coisas e trazendo o orgulhoso à (o colapso da) idade avançada; constantemente agindo e constantemente descansando; ajuntando sem jamais necessitar; cuidando e preenchendo e protegendo (todas as coisas); criando e nutrindo e aperfeiçoando; buscando, ainda que nada te falte."

   - Quais palavras dessa descrição você considera mais importantes e por quê?
   - Quais palavras se aplicam à situação que você está enfrentando hoje e por quê?

7. Em sua carta aos Romanos, Paulo escreveu: “Sabemos que Deus age em todas as coisas para o bem daqueles que o amam, daqueles que foram chamados de acordo com seu propósito” (Romanos 8:28).
   - Por que esse versículo é tão reconfortante para alguns e desafiador para outros?
   - Alguma vez esse versículo serviu de âncora para você? Por favor, explique.
   - Como você explicaria esse versículo para um cristão recém-convertido?

8. Ao longo da leitura deste livro você conseguiu perceber Deus em meio às dificuldades ou conflitos que você tem enfrentado?
   - Você se dispôs a prestar mais atenção à presença de Deus? Caso positivo, como?
   - Será que Deus colocou esse livro em suas mãos para um momento como esse? Caso positivo, que coisas você aprendeu e que se recordará em meio as suas temporadas de dificuldades?
   - Quais coisas você poderia colocar em prática agora mesmo?

# NOTAS

## Capítulo 1: Em busca da primavera

1 "Map of the Persian Empire". Disponível em: https://www.biblestudy.org/maps/persian-empire-at-its-height.html.

2 Punjab, na Índia, para Cartum, no Sudão. Disponível em: https://www.google.com/maps/dir/Punjab,+India/Khartoum/@23.9472385,34.6168536,4z/data=!3m1!4b1!4m15!4m14!1m5!1m1!1s0x391964aa569e7355:0x8fbd263103a38861!2m2!1d75.3412179!2d31.1471305!1m5!1m1!1s0x168e8fde9837cabf:0x191f55de7e67db40!2m2!1d32.5598994!2d15.5006544!3e2!4e1.

3 Karen H. Jobes, *Esther*, The NIV Application Commentary (Grand Rapids: Zondervan, 1999), p. 28.

4 Jobes, *Esther*, p. 96.

5 O outro livro é Cântico dos Cânticos.

## Capítulo 2: Não se acostume com a Pérsia

1 Karen H. Jobes, *Esther*, The NIV Application Commentary (Grand Rapids: Zondervan, 1999), p. 60.

2 Mike Cosper. *Faith among the faithless: learning from Esther how to live in a world gone mad* (Nashville: Nelson Books, 2018), p. 3.

3 Jobes, *Esther*, p. 61. "Ele [...] encontrou 40 mil talentos de outro e prata em barras (1.200*t*) e 9 mil talentos de moedas de ouro (270*t*)." Presumindo uma tonelada de ouro equivalente a US$ 45,5 milhões x 1.200*t* = US$ 54,6 bilhões.

4 Rabino Avie Gold, *Purim: its observance and significance* (Brooklyn: Mesorah Publications, 1991), p. 99.

5 Fiona MacRae, "Brain scans prove porn is as addictive as alcohol and drugs". *Daily Mail*, 23 set. 2013. Disponível em: https://www.news.com.au/lifestyle/relationships/brain-scans-prove-porn-is-as-addictive-as-alcohol-and-drugs.

6 Uplift Families, "Pornography changes the brain", 16 jun. 2015. Disponível em: https://www.upliftfamilies.org/pornography_changes_the_brain.

7 Erin El Issa, "2020 American household credit card debt study". *Nerdwallet's*, 12 jan. 2021. Disponível em: https://www.nerdwallet.com/blog/average-credit-card-debt-household/.

8 John Stonestreet; Brett Kunkle, *A practical guide to culture: helping the next generation navigate today's world* (Colorado Springs: David C. Cook, 2017, 2020), p. 242-3.

9 "Alcohol use and your health". *Centers for Disease Control and Prevention*, 23 fev. 2021. Disponível em: https://www.cdc.gov/alcohol/fact-sheets/alcohol-use.htm.

10 "Depression symptoms rise during Covid-19 pandemic". *Physician's Weekly*, 8 set. 2020. Disponível em: https://www.physiciansweekly.com/depression-symptoms-rise-during-covid-19-pandemic.

11 Lauren Edmonds, "Divorce rates in America soar 34% during COVID; Surge not unexpected, says Rose Law Group Partner and Family Law Director Kaine Fisher". *Rose Law Group Reporter.* Disponível em: https://roselawgroupreporter.com/2020/08/divorce-rates-in-america-soar-34-during-covid/.

12 Amanda Jackson, "A crisis mental-health hotline has seen an 891% spike in calls". *CNN*, 10 abr. 2020. Disponível em: cnn.com/2020/04/10/us/disaster-hotline-call-increase-wellness-trnd/index.html.

13 Jamie Ducharme, "U. S. suicide rates are the highest they've been since World War II". *Time*, 20 jun. 2019. Disponível em: https://time.com/5609124/us-suicide-rate-increase/.

14 Ryan Prior, "1 in 4 young people are reporting suicidal thoughts. Here's how to help". *CNN*, 15 ago. 2020. Disponível em: https://www.cnn.com/2020/08/14/health/young-people-suicidal-ideation-wellness/index.html.

## Capítulo 3: A garota com dois nomes

1 Joyce G. Baldwin, *Esther: an introduction and commentary*, Tyndale Old Testament Commentaries (Downers Grove: InterVarsity, 1984), p. 66.

[2] Karen H. Jobes, *Esther*, The NIV Application Commentary (Grand Rapids: Zondervan, 1999), p. 110.

[3] Yoram Hazony, *God and politics in Esther* (New York: Cambridge University Press, 2016), p. 18.

[4] Iain M. Duguid, *Esther and Ruth*, Reformed Expository Commentary (Phillipsburg: P&R Publishing, 2005), p. 21.

[5] Rabino Meir In: *William Davidson Talmud*, Meguilá 13a. p. 4. Disponível em: https://www.sefaria.org/Megillah.13a?lang=bi.

[6] Duguid, *Esther and Ruth*, p. 21; Jobes, *Esther*, p. 96.

## Capítulo 4: Ele não se curvou

[1] Nabeel Qureshi, "What does Jesus have to do with ISIS?". *The Christian Post*, 13 mar. 2016. Disponível em: https://www.christianpost.com/news/what-does-jesus-have-to-do-with-isis.html.

[2] Jaren Malsin, "Christians mourn their relatives beheaded by ISIS". *Time*, 23 fev. 2015. Disponível em: https://time.com/3718470/isis-copts-egypt/.

[3] O primeiro assassinou o presidente Abraham Lincoln. O segundo assassinou o presidente John F. Kennedy. (N. do T.)

[4] "Pagarei vinte milhões à tesouraria do rei" (Ester 3:9, TLB).

[5] Rabino Avie Gold, *Purim: its observance and significance* (Brooklyn: Mesorah Publications, 1991), p. 109.

[6] J. Gidman, "Tragic tale of the german who wouldn't salute Hitler". *USA Today*. 3 jul. 2015. Disponível em: https://www.usatoday.com/story/news/world/2015/07/03/german-no-salute-hitler-ex-nazi/29662195/; Q. A. Arbuckle, "The man who folded his arms: the story of August Landmesser". *Mashable*. 3 set. 2016. Disponível em: https://mashable.com/2016/09/03/august-landmesser.

[7] Gold, *Purim*, p. 47.

[8] Thomas Philipose, "What made an non believer chadian citizen die for Christ, along with his '20 coptic christian friends'?". *Malankara Orthodox Syrian Church* (Diocese of Bombay), 22 fev. 2015. Disponível em: https://web.archive.org/web/20150312223941/http://bombayorthodoxdiocese.org/what-made-a-non-believer-chadian-citizen-die-for-christ-along-with-his-20-coptic-christian-friends/. Stefan J. Bos, "African man turns to Christ moments before beheading". *BosNewsLife*, 23 abr. 2015. Disponível em: https://www.bosnewslife.com/2015/04/23/african-man-turns-to-christ-moments-before-beheading/#comments. Nabeel Qureshi, "What does Jesus have to do with ISIS?". *The Christian Post*, 13 mar. 2016. Disponível em: https://www.christianpost.com/news/what-does-jesus-have-to-do-with-isis.html.

## Capítulo 5: O socorro está a caminho

1 Jeff Kelly Lowenstein, "How a little-known incident in 1956 unnerved MLK". *CNN*, 15 jan. 2021. Disponível em: https://www.cnn.com/2021/01/15/opinions/martin-luther-king-jr-crisis-of-faith-lowenstein/index.html.

## Capítulo 6: Duas salas, dois tronos

1 Yoram Hazony, *God and politics in Esther* (New York: Cambridge University Press, 2016), p. 241. De acordo com a Midrash (comentário judaico a respeito de algumas passagens do texto hebraico), Mardoqueu encontrou três crianças que lhe comunicaram três mensagens. A primeira: "Não tenha medo do terror repentino nem da destruição do perverso quando chegar a hora" (Provérbios 3:25). A segunda: "Troquem ideias, mas não dará em nada. Façam planos, mas não prevalecerão, pois Deus está conosco" (Isaías 8:10). E a terceira: "Até na velhice eu sou o mesmo e até aos cabelos grisalhos os conduzirei. Eu fiz isso e os sustentarei. Eu conduzirei e libertarei" (Isaías 46:4).

## Capítulo 7: Deus fala mais alto quando sussurra

1 "The Butterfly Effect: everything you need to know about this powerful mental model". Disponível em: https://fs.blog/2017/08/the-butterfly-effect/.

2 Algumas fontes rabínicas dizem que Hamã teve de assumir o papel de servo de Mardoqueu. Nesse caso, foi obrigado a se curvar para que Mardoqueu pisasse em seu pescoço, a fim de subir no cavalo!

3 David Aikman, *Great souls*: *six who changed the century* (Nashville: Word, 1998. p. 128-52).

4 Aleksandr Solzhenítsyn, *The Gulag Archipelago 1918-56*: *an experiment in literary investigation*. Tradução de Thomas P. Whitney e Harry Willetts; resumido por Edward E. Ericson Jr. (Londres: Harvill Press, 1986. p. 309-10) [no Brasil: *Arquipélago Gulag*: *um experimento de investigação artística 1918-1956*, edição abreviada (São Paulo: Carambaia, 2019)].

5 Solzhenítsyn, *The Gulag Archipelago*, p. 312.

## Capítulo 8: O perverso não prevalecerá

1 "*Four o'clock*", *The Twilight Zone*. Disponível em: https://en.wikipedia.org/wiki/Four_O%27Clock_(The_Twilight_Zone).

2 John Phillips, *Exploring the book of Daniel*: *an expository commentary* (Grand Rapids: Kregel, 2004), p. 85.

3 Edward W. Goodrick; John R. Kohlenberger III, *The NIV exhaustive concordance* (Grand Rapids: Zondervan, 1990), "Wrath", p. 1.276-7; "Mercy", p. 748-9.

4 Kara Bettis, "How the 'world's largest family' survived a global pandemic". *Christianity Today*, 23 nov. 2020. Disponível em: https://www.christianitytoday.com/ct/2020/december/charles-mully-childrens-worlds-largest-family-covid.htm.

## Capítulo 9: O Deus das grandes reviravoltas

1 Obtido a partir de uma conversa pessoal com o autor e citado com sua permissão.

2 Vihn Chung; Tim Downs, *Where the wind leads*: *a refugee family's miraculous story of loss, rescue, and redemption* (Nashville: W Publishing, 2014), p. 3-4.

3 Chung, *Where the wind leads*, p. 204; Chung, "Where the wind leads". YouTube, 7 mai. 2014. Disponível em: https://www.youtube.com/watch?v=j-e4qNfIbtg.

## Capítulo 10: O povo do Purim

1 Lorraine Boissoneault, "Why an Alabama town has a monument honoring the most destructive pest in american history: the boll weevil decimated the south's cotton industry, but the city of Enterprise found prosperity instead". *Smithsonian Magazine*, 31 mai. 2017. Disponível em: https://www.smithsonianmag.com/history/agricultural-pest-honored-herald-prosperity-enterprise-alabama-180963506/.

2 Yoram Hazony, *God and politics in Esther* (New York: Cambridge University Press, 2016), p. 165.

3 Mike Cosper, *Faith among the faithless*: *learning from Esther how to live in a world gone mad* (Nashville: Nelson, 2018), p. 167.

4 Cosper, *Faith among the faithless*, p. 167.

5 Kathy De Gagné, "Purim: a story of redemption". *Bridges for Peace*, 10 jan. 2013. Disponível em: https://www.bridgesforpeace.com/article/purima-story-of-redemption/.

6 Obtido em conversa pessoal e citado com permissão.

## Capítulo 11: Você foi criado para este momento

1 Pe. William Most, "Excerpts from St. Augustine". *EWTN*. Disponível em: https://www.ewtn.com/catholicism/library/excerpts-from-st-augustine-9962.

2 Benjamin P. Browne, *Illustrations for preaching* (Nashville: Broadman, 1977), p. 72-3.

Este livro foi impresso pela Exklusiva, em 2021, para
a Thomas Nelson Brasil. O papel do miolo é pólen $80g/m^2$,
e o da capa é cartão $250g/m^2$.